# その雑談カチンときます



吉田照幸

青春新書
PLAYBOOKS

# はじめに

「監督、こちらにどうぞ」

と、打ち上げで席を指定されます。決まって主要な俳優さんか、偉い人のそばです。なかには、そういう偉い人と話してることが、自分も偉く感じるらしく好きな人がいますが、僕はいつまでたっても気後れしてしまいます。

とはいえ、そこで黙ってるほどの度胸もありません。「何か喋《しゃべ》らなきゃ」と、プレッシャーを感じているわけです。

コント番組「となりのシムラ」の打ち上げでは、志村けんさんの前に座ります。子供のころから見てた人が目の前にいる。現場より緊張します。

仕事場なら目標に向かって同じ方向を見ているのに、今は対面してる。長い経験に裏打ちされたオーラに、ひるむ心を奮い立たせる。すると焦る。「盛り上げよう！」、「話がとぎれないようにしよう」と一生懸命。

この一生懸命が危険信号です。ともするとこれが原因になって、相手をイライラさせたりカチンとさせたり、せっかくの努力がマイナスになる。リラックスのための雑談で損するなんて、もったいない。ではどうする？　ん……難しい。

雑談は、ビジネスと違って用件や目的がないから難しい。「何を話してもいい」と言われるほど、人は何を話していいかわかりません。

僕だっていつも焦っています。そんな心境でも最長6時間、楽しく志村けんさんと雑談をして打ち上げを楽しんでいます。

なぜか？　その秘密とコツを、この本に書きました。

いままでのやり方とは違うかもしれませんが、その違いを楽しみながら試してみてください。きっと相手の反応が違うはずです。

もし自分がしていることと一緒だなと思ったら、それを今度は意識してできるようにしてみてください。感覚からスキルに変わります。


雑談は楽しいものです。

かけがえのない友は、ずーっと雑談できる人です。

人生でずーっと役に立つ雑談術、ぜひこの本で身につけてください。

# もくじ

# 2章 いちばん大事なのは「相手にリラックスしてもらうこと」

# 3章 相手の「話したい！」が上がるポイント

# 4章 この〝返し方〟で雑談はハネる！

## 5章 同じ話題でも〝伝え方〟でこんなに変わる！

## 6章 誰でも使える！必携テク11

1章

# ついやってしまう〝カチン〟なパターン

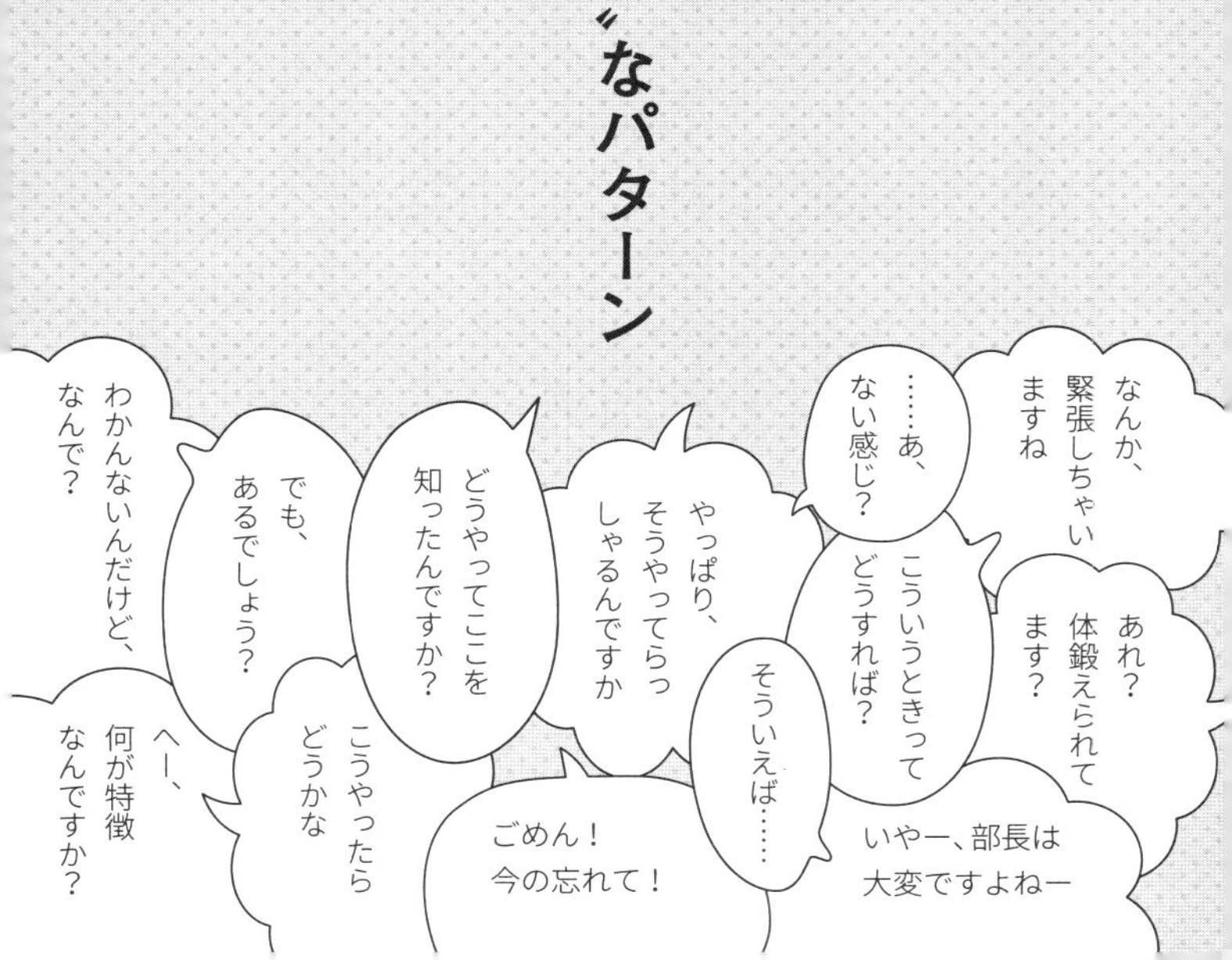
なんか、緊張しちゃいますね
……あ、ない感じ?
あれ?体鍛えられてます?
こういうときってどうすれば?
やっぱり、そうやってらっしゃるんですか
そういえば……
いやー、部長は大変ですよねー
どうやってここを知ったんですか?
ごめん!今の忘れて!
でも、あるでしょう?
こうやったらどうかな
わかんないいんだけど、なんで?
へー、何が特徴なんですか?

# 1 「わかる、わかる」に要注意
## ――「あまちゃん」の後で気づいたこと

相手の話を聞きながら、

「わかる、わかる」

を連発する人、いますよね。

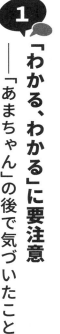

一見すると、とてもよく聞いているようですが、実はこれは危険な口ぐせです。
なぜかというと、「わかる」と言ってはいるものの、実際には、「自分が理解したいような形や、理解しやすい形に相手の話を変換して解釈して、わかった気になっている」といったケースが多いからです。
相手が「ボーナスが増えた。うれしかった」と言ったとします。相手は『評価されたこと』がうれしくて、お金は二の次」というニュアンスで言っているのに、「貯金が増えるからうれしい」という意味で受け取っている。でも口では「わかる、わかる」と言っている

――会話をしていて、いい返しを思いつかない、質問が出てこないという人のほとんどは、ここに改善のコツがあるように思います。

「わかる、わかる」とつい言ってしまうのは、もちろん、悪気があってのことではありません。悪気どころか、「話が合った」、「共感できた」、「理解し合えた」と思いたいからだと思います。

では、どうしてわかり合おうとしすぎてしまうのでしょうか？

たぶん、実はそのほうが自分の中でストレスが溜まらないからでしょうね。自分とは意見や価値観が違って会話がギクシャクしたり、空気が微妙な感じになったり、場合によっては言い合いのようになって自分の言ったことを否定されたりしたらイヤだから、「うん、うん」、「わかる、わかる」と、わかったふりをしちゃう。

相手と自分は同じ人間ではないのだから、同じ経験をしたとしても、相手の話のなかには、「え？　どうしてそう感じるんだろう」とか、「そこは私とちょっと違うな」とか、「なるほど、あの場面で私よりかなり怒ってたんだ」といったことがあるはずなんです。ちょっとした疑問や、自分の思っていたこととの違いですね。

ところが、「わかる」と言ってしまうと、それにフタをしてしまうことになるんです。せっかく質問や反応が生まれそうになっているのに。これでは、ありきたりの「よかったね」とか「すごいね」といった反応しかできなくなります。会話が弾まなくなるのも仕方がありません。

**自分と相手の間にちょっとしたズレがあったっていいんです。むしろ、それがあるから会話になるんじゃないでしょうか。**

雑談がうまい人は、他人の価値観に、つまり自分と同じではない価値観に、とても寛容です。人それぞれ価値観があるということを前提に会話をするから、わからないことがあれば「わからない」まま受け止めて、「なんでこの人はこう感じたんだろう?」と、疑問が湧きます。

**それをそのまま質問すれば、もうありきたりの会話ではありません。その場でしか生まれない、その相手とだけのオリジナルな会話です。雑談のおもしろさって、こういう「目的はないんだけど、オンリーワンな楽しさ」にあるのかもしれません。**

僕は、昔は「器の大きい人間になりたい」と思っていました。それでずっと努力していたんですが、なれませんでした。なぜかというと、相手に対して自分を大きく見せようとしていたからです。

でもあるとき、ハタと気づきました。

あれ、器って、中身は空っぽじゃん。

今まで努力して、中身の詰まった状態で大きくしようとしていたけれど、相手にとってはそんなものは必要なくて、ただ、大きな器を用意すればいいんだと気づいたんです。

いろいろな人がいろいろなものを入れられる器を用意しておけばいい。そう気づいてから、人と話をするとき、相手に対して寛容になれました。

相手の考え方、価値観を器のなかに入れていくというのは、自分の考え方を曲げているわけではありません。「こういう考え方もあるよね」と、取り込んでいくということです。

「あまちゃん」が終わってから「器って、中身空っぽだ！」と気づきました。

その1年後から、急に映画やドラマの話を立て続けにもらいました。それはもしかしたら、自分を大きく見せるのではなく、周りの意見を器に取り込んでいくようになったら、「一緒に仕事をしたい」と思ってくれる人が増えて、僕をよく言ってくれる人が増えたからだと思います。

大きく見せようとしても、相手にとっては威圧感でしかないんですよね。何も言えないし、近づけない。

逆なんです。空っぽにして、「どうぞ」と器を差し出す。つまり、ちゃんと周りの意見を聞くということなんだろうと、今は思っています。


雑談も、自分とは違う考え方も、はじめて聞くような話もおもしろがって、空っぽの器に取り込んでいけると、弾みます。それがオープンマインドということではないでしょうか。

相手が言ってることを、無理やり理解しようとする必要はないんです。

「相手に共感することが大事」ってよく言われますが、**「わかる、わかる」と共感するよりも、**

**「わかんないんだけど、なんで？」**

**と聞けるほうが、ずっと楽しい雑談ができると思います。**

**コツ1 相手と自分の違いが、楽しい雑談のモト**

# 2 「私も！」は会話泥棒

「この間、札幌に行ってきて……」と話そうとしたら、

「え、アタシも函館行った！」

とすかさず言われたら、どう思いますか？

「おいおい、今こっちが札幌の話しようとしてんですけど」って思いませんか？

札幌の話をしようとしているところに、いきなり「函館行った」とかぶせられたら、話の腰を折られます。ポッキーン！と音まで聞こえてきそうではありませんか。そのうえ、何を話すのかと思ったら、「いやー、ウニ、おいしかったー」なんてフツーの感想で終わったりしたら、「はぁ？　わざわざ会話を強奪しといて、それだけですか？」と、真顔で問いただしたくなります。

こういう人のことを僕は「会話泥棒」と呼んでいます。

こうやって書いていると、ひどいことをしているとわかるのですが、実は会話泥棒は本

当に多いです。駅やカフェなどでもしょっちゅう見かけます。

「ディズニーランドに新しいアトラクションができるらしいよ」と言ってるのに、

「私もＵＳＪで新しいの乗ってきた」。

「きょう、なんか熱っぽくてさ」と言ってるのに、

「アタシも咳が出て」。


会話泥棒された側は、「これから」というときに強制終了させられたわけですから、ふくらみかけていた「話したい気持ち」が生殺しです。

いや、気持ちはわかるんです。知っていることや興味のあるトピックが出てきたら、「共通の話題見つけた！」と話したくなる。会話に限っては、悪気のある泥棒はほぼいません。

でも、ここが落とし穴なんです。相手は「話す価値がある」とか「特別だ」と思って話し始めてるんですから、とりあえず最後まで聞きましょう。なにも目的や勝ち負けのある交渉とかじゃなくて、気軽な雑談なんですから。

最後まで聞いて、「札幌でおいしいもの食べた？」とか、「アトラクションってどんなの？」とか、ふたつ、みっつ質問をしたあとで、「じつは私も」と話すのはいいと思います。自分の話したいことを話せているので、相手も話の腰を折られた、会話を盗まれたとは思わないでしょう。

残念ながら、会話泥棒は日本中、いたるところに出現します。

たとえば、上司に連れて行ってもらったおでん屋さんで、「この店のおでん、最高なんだよ」と言っているのに、「僕がこの前食べたおでん屋もすごくうまくて」とか「この間○○先輩に連れて行ってもらったおでん屋も最高で」とか。書いていても恥ずかしくなりますが、こういうすかさず盗みにかかる人、あなたの周りにもいませんか？

もちろん悪気もないし、自覚もないのでしょうが、残念ながら立派な窃盗罪、雑談法違反です。

この手の会話泥棒は、料理店でいちばんやってはいけない雑談だと思います。

相手は「いい店だ」と思って紹介してくれたんだから、「どういい店なのか」、気持ちよく話してもらうチャンスです。「最高」と表現するということは、何かほかのお店とは違

う特徴があるのでしょう。だから素直に、

**「へー、何が特徴なんですか？」**

と聞いてみる。その結果、もしも「俺もよくは知らないんだけど……」と、ヌルッとした会話になったら、

**「どうやってここを知ったんですか？」**

と、お店を知ったきっかけにスライドするといいと思います。「たまたまふらっと」とか「誰々さんに聞いて」とか、来た動機は何かしらあるはずです。

とにかく、相手が話したい〝いい店自慢〟を掘り起こしてあげるわけです。せっかく相手が「オレは今、この店の話がしたい」とはっきりサインを出しているんだから、邪魔する理由はありません。

それで、料理が出てきて一口二口食べて感想を言ったら、

**「そういえば……」**

と話題を変えたいところです。

**ずーっとお店の話、料理の話を引っ張るのもリスキーです。お店や料理の話というのは、実は引っ張るとグダグダになりがちです。**

## ――話の腰を折っている恐ろしい例――

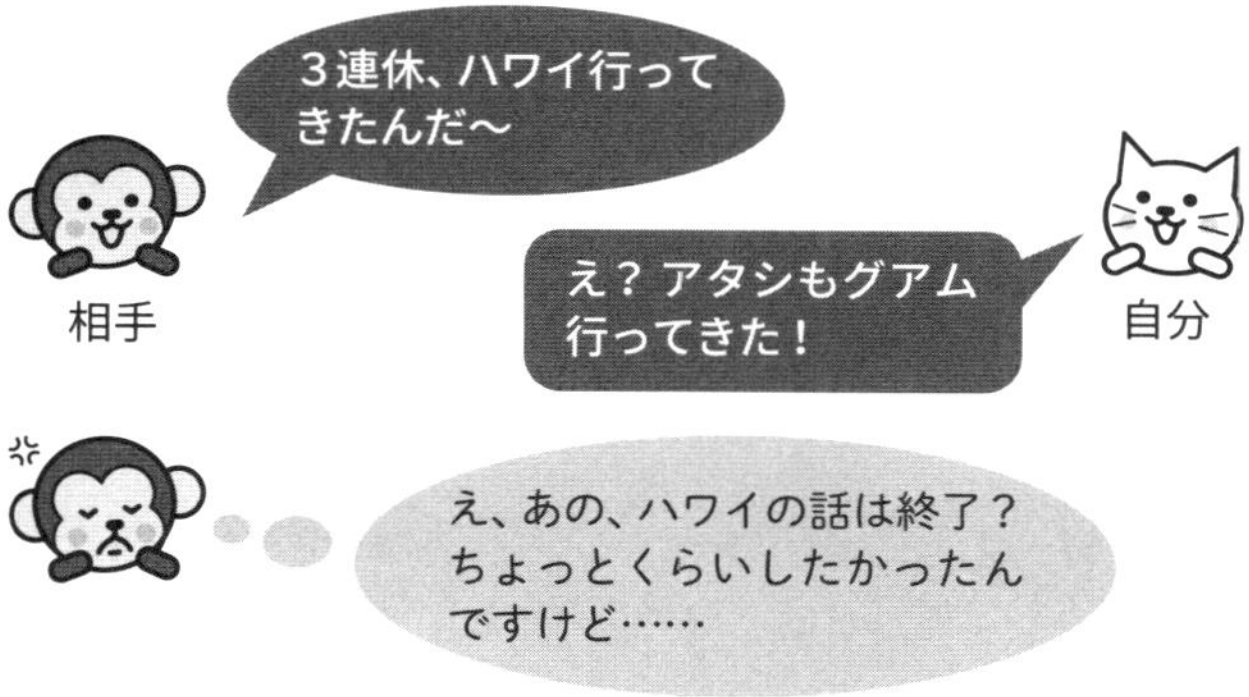


早すぎる「わかる」、「私も」、「同じです」は、会話泥棒。
「盛り上げよう」、「共感しよう」という気持ちからだとしても、
話の腰をポキン！と折っている…！

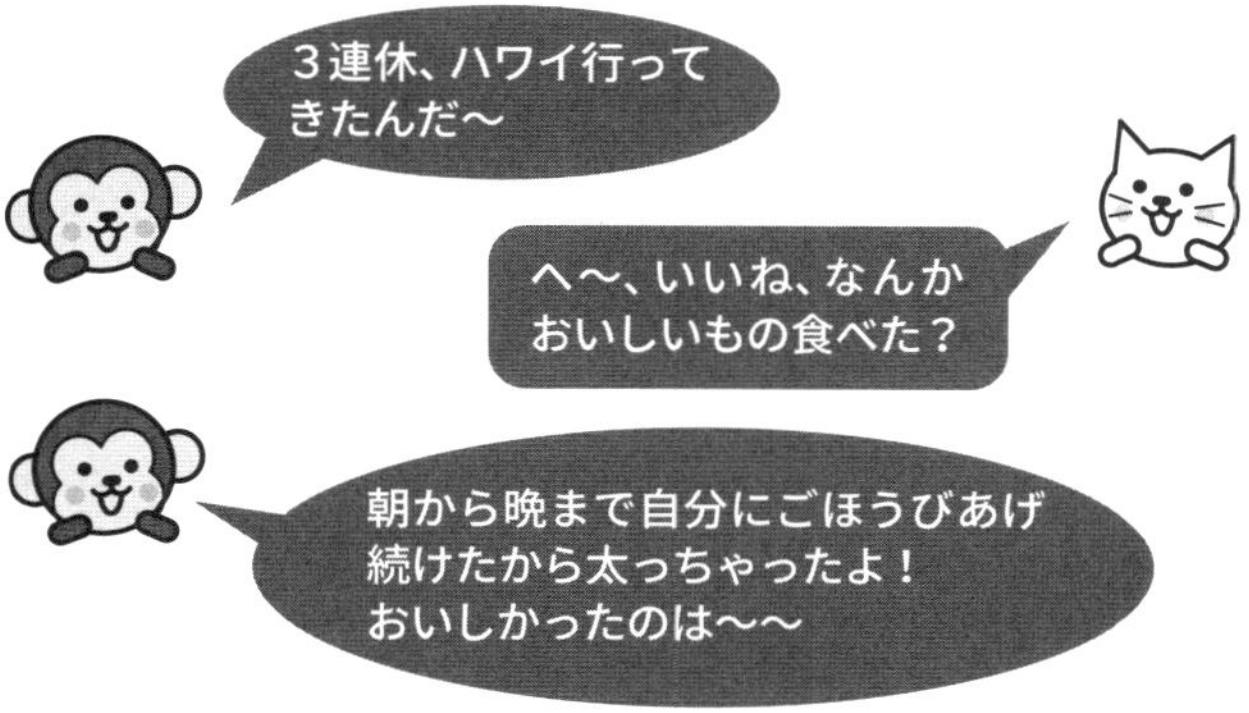


**「私も海外に行った、しかも南の島。同じ！」と思っても、いったんは飲み込む。**
**いくつか質問したりして、相手の「ハワイ話」が一段落したら「グアム話」を持ち出すと、雑談が盛り上がる！**

デートで食事をするときにも気をつけてください。食にまつわる仕事をしているような人は別かもしれませんが、「おいしいよね」だけでは間が持ちません。

僕は大学時代にバーテンダーのアルバイトをしていたのですが、カクテルを飲んで「おいしいね」で即、沈黙する気まずいカップルをたくさん見てきました。何か気の利いたことを言わなければと焦っちゃう気持ちはわかりますが、こういうときはこれに限ります。

## 「二人きりだと、なんか緊張しちゃいますね」

お互いに「沈黙しちゃった」「気まずい」と感じているわけだから、それを口に出して共有することでリラックスできるんです。

ただ、「気まずいですね」だと、「嫌なのかな？」と思われるとマズいので、「緊張」という言葉に置き換えましょう。「緊張しますね」だと、「私はあなたを特別な存在として意識しています、好意を持っています」という「スペシャル感」も暗に伝えてくれます。

## コツ2 料理やお店の話で引っ張るのは意外にリスキー！

# 3 「同じだ！」と思っても、言わない

ちょっときびしいことを言うようですが、相手が何か大切なことを教えようとしてくれているとき、もしも「あ、私と同じだ！」「オレもそう思う！」と思ったとしても、飲み込んでください。ココ（下唇）まで出てきてるとしても、です。

「同じです！」

と言ってしまった瞬間、相手は話すのをやめてしまいます。

テレビ業界の先輩と話をしていたとき、その人が、

「自分の才能は限られているから、どれだけ他の人の知恵を集めるかが勝負だ」

と、話してくれました。

「あ、一緒だな」と一瞬思いましたが、その場では「同じです」とは言いませんでした。

そのかわり、

**「やっぱり、そうやってらっしゃるんですか」**

**「僕もそういうことを意識しはじめてから良くなってきたんですけど、自信になりました」**

みたいな言い方をしました。

なぜか。

「僕も同じです」と言うと、たぶん相手はこう思うでしょうね。

「簡単に『同じ』とか言ってるけど、オレが言ってるニュアンスと微妙に違ってるんですけど、しかも肝心なポイントが。話聞いてないよなぁ……疲れるわこの人」

——同じじゃなかったわけです。話の腰が複雑骨折です。これじゃ、相手は話すのをやめちゃいます。

「同じだ」と思っても言葉にしない。これはとても大事なポイントです。

さらに、「言葉にしない」で終わらず、「それで、それで?」と先を聞く気持ちを失わないことも大切です。

というのは、**「同じだ」と思ったとたん、相手の言葉が入って来なくなってしまうのです。**

肝心なポイントがちょっと違っていたり、ちゃんと聞けばとても参考になる話なのに、人間は、「同じだ」と思った瞬間、脳は「同じ。それ以上考える必要なし」と処理してしまうんです。

これって人生、損すると思いませんか？

**コツ3**

**「同じ」と言いたくなったら、その先を注意して聞くチャンス！**

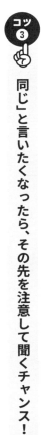

## 4 「聞いているようで聞こえていない」とはどういうことか

雑談がうまくなりたかったら、聞く訓練をすることがいちばんの近道です。

「話すよりも聞くことが大事」ということは、多くの本に書かれているので、さして目新しい話ではありません。それでも口を酸っぱくして言いたいのはなぜかと言うと、**〝聞いているつもりでも、聞けていない人〟がたくさんいるからです。**

聞くって、思っている以上に作為的なんです。

たとえば、街中で普通に歩いていたら気づかいない音も、耳を澄ませば聞こえてきたりします。遠くのほうで犬の鳴く声など、普段は気づかなくても、耳を澄まして意識を集中させると聞こえてくる。つまり、耳には入っていても、聞こうとしていなければポロポロと漏れているということです。聞いてるようで聞こえていない、という状態です。

それと同じで、会話でも、「聞いている」、「あいづちを打っている」、「相手が気分よく話をしている」からOKなわけではありません。相手に意識をフォーカスしていないと、相手の言葉は耳には入っていても、頭には入ってこないんです。

「いまこの人は、〇〇について話したいんだな」と解釈しながら聞くと、聞こえ方がまったく違ってきます。私たちの耳というのはそういう特性を持っているんだなと、職業柄感じています。

ドラマとか映画をつくるときに、それぞれの場面で音をつけるんです。録ったままの音を使うのではなく、見ている人に何を伝えたいかによって、際立たせる音を変えるわけです。

たとえば、静かなことを表現するには、無音じゃなくて、鳥の声を大きめに入れる。鳥の声が大きく聞こえるということは、ほかの音が聞こえないということだからです。録ったままの音では、この静かさが伝わりにくい。同じように、「聞いたままの音（相手の声）」では、相手が伝えたいことはしっかり頭には入ってこないのです。

相手の話を聞いているようでも、聞きながら「で、自分は何を話そうかな」なんてことだけを考えているとしたら、それは喋るタイミングを計っているだけで、相手の言葉は頭に入っていません。これでは雑談はうまくいかないのです。

## コツ4　「聞き上手」とは、相手の気持ちをキャッチしている人のこと

## 5 上司のグチ……正しい乗り切り方

上司や先輩との飲みで、いちばん嫌がられるのが、グチと自慢だそうです。とあるアンケートで見かけました。

部下としては、上司の話を無下にはできないので、聞くしかありません。

飲みの席での雑談でどちらかを選ぶとしたら、僕はグチのほうがいいと思います。

グチと自慢の違いは、「相手と共有できるかどうか」です。

グチであれば共有できるけれど、自慢は共有できない。だから、聞き続けるのはつらいのです。職場で上の立場にある方は、どうぞ、自慢はほどほどにしてあげてください。

で、グチの多い上司に対して部下はどう対応すればいいかと言うと、

**「大変ですねー」**

と言っていればいいと思います。

## コツ5　上司の〝横〟に並んではいけない

**「いやー、部長は大変ですよねー」**

**「え？　私たちの知らないところで、そんな大変なことしてらしたんですか！」**

と、ちょっとバリエーションをつけて「大変だ、大変だ」と同情してあげていれば、「そうだろ？」と、そのうち満足します。

それを、「大丈夫ですよ」「上はちゃんと見てますって」なんて余計なことを言うと、

「お前、いつからそんなエラくなったんだ？」

「お前にオレの大変さの何がわかるんだ？」

なんて思われかねないので、キケンです。

上司のグチは、「お前らにはわからないだろうけど、オレはこんなに大変なんだぞ。わかってくれよな」というメッセージと受け止めましょう。

## 6 後輩との飲み会では〝笑える失敗談〟よりも…

後輩を連れて飲みに行くと、「盛り上げなければ」と気負って、つい自慢話をしてしまう人がいます。後輩なので、当然、話は聞きます。でも、どんどん白けていってしまいます。

**雑談が下手な人のほとんどは、自慢話をしちゃっています。**場を盛り上げるために、何かいい話をしようと頑張っているのかもしれませんが、残念ながら、逆効果なんです。

雑談では、カッコつけるほど白けるので、**自慢話より失敗した話。**これ、鉄則です。誰だって何かしら失敗していますよね。そういうエピソードは、笑い話に変えて話せるようにストックしておくと役立ちます。

**笑える失敗談よりもさらにおすすめなのが、不満を聞くことです。**

失敗談には限りがありますが、不満だったら誰しも大なり小なり複数持っているので、どんどん出てきます。

でも、「何か不満ない？」なんて一回聞いただけでは「いえ、特にありません」と否定されるかもしれません。

**自分がカッコつけるように、相手だってカッコつける。そう、心しておきましょう。**

だから、否定されることは往々にしてあるのですが、ひるまずに、

**「でも、あるでしょう？」**

と、もう一押ししてみるんです。誰でも、何かしら不満は持っているんですから。

さらにいいのは、たとえば夕方とか夜の、ちょっとオフィスの空気がゆるんだ頃に、全身から疲労感をにじませ、イスに沈みこむように体をあずけ、深くため息をついてから、

「はぁ……疲れた。さすがに仕事しすぎだわ。もうどうにもなんないくらい疲れてるから、今日だけは悪いけどグチ言わせてくれ」

なんて、自分から持ちかけることです。こんなふうに水を向ければ、後輩もグチを言いやすくなります（というか止まらなくなります）。

不満をネタに飲んでいたら空気が暗くなるんじゃないか？　と思うかもしれません。でも実は逆で、**不満の話ってポジティブな方向に持っていきやすいんです。**

**「こういうときってどうすればいいんですかね？」**

**「こうやったらどうかな」**

などと話しながら、最終的には、

「まあ、大変だけどがんばるしかないね」

と落ち着きます。がんばって「いいこと」「ポジティブなこと」を言おうとして白けさせるより、不満を聞くほうが、自分にとっても後輩にとっても楽な雑談になります。

## コツ6 後輩が不満・グチを言いやすくなる空気をつくって誘う

# 7 SNS情報は取り扱い注意！

初対面のときなど、盛り上がりやすいトピックを探るために、相手について事前に調べておくのはいいことです。ただ、調べたネタを切り出すとき、注意が必要です。

たとえば、相手がフェイスブックにサーフィンの写真をたくさん載せていたとします。

もうおわかりですね。

**「フェイスブック見たんですけど」は、絶対にNG。カチンを通り越して、気持ち悪がられます。**

「え、ダメ？　だって世界中に本人が公開してるじゃないか」

と思う人は要注意です。ものすごい〝圧〟をかけちゃってるかもしれません。

SNSは、世界中にアップしているとはいっても、親しい友人とか、「こういう人に見てほしい」という相手がいるものです。それ以外の人に見られて、チェックされていると思うと、あまりいい気はしないものですよね。

「サーフィンされてるんですか?」と、いきなり聞くのもおすすめできません。「え? なんで知ってるの?」と、やっぱり気持ち悪がられますから。

個人のSNSで知った情報や、共通の知人ではない人から聞いた情報を切り出すには、ワンクッションが必要です。

相手の趣味がサーフィンだとわかっていたら、

**「あれ? 体鍛えられてます?」**

**「いい感じに日焼けされてますけど、何かやってらっしゃるんですか?」**

と聞くと、「サーフィンやってます」と返ってくるはずです。そこで初めて知ったように、

「へえ、サーフィン! どこでですか?」

と続けるわけです。

相手が言ってないのに、いきなり「サーフィン」を出すと、「え、なんで?」と警戒されます。自分に興味を持ってくれているのはありがたいんだけど、ありがたさよりも「この人、オレのことどんだけ調べてんだろう? なんかコワイな」と思われ、警戒心のほう

## ――SNSを雑談に活用するポイント――

フルマラソン初めてで、4時間半で完走ってすごくないですか？

え？ えぇまぁ……

え？ なんで知ってんの初対面なのに？ facebook見たのかな、なんかコワい……

相手
自分

初対面の相手のことを、会う前に知っておこうとＳＮＳをのぞくと、いろんなことがわかる。趣味、よく行くお店、活動エリア……。

でも、いきなりそれを持ち出すと警戒される！

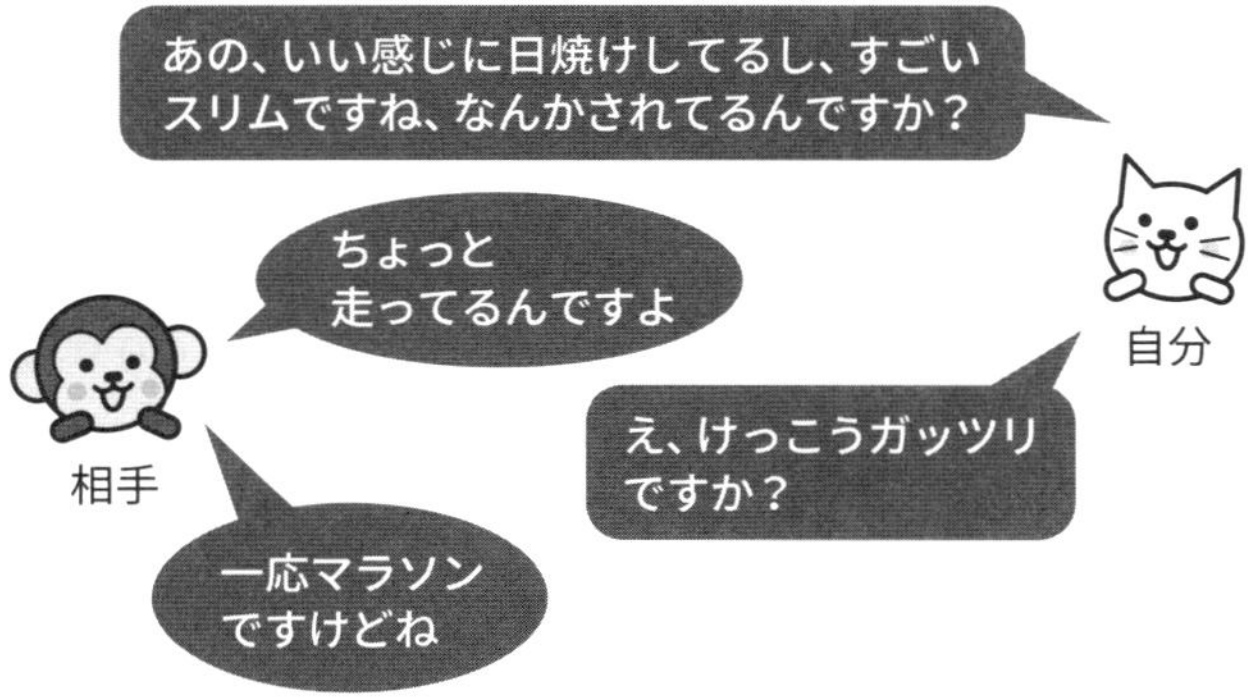
あの、いい感じに日焼けしてるし、すごいスリムですね、なんかされてるんですか？
ちょっと走ってるんですよ
え、けっこうガッツリですか？
一応マラソンですけどね
相手
自分

**「この人は初めてのフルマラソンでいきなり4時間半で完走した。平日も週3回、皇居のまわりを走ってる。最近は奥様も一緒に走るようになったらしい」と知っていたとしても、自分からは言わない。**

**本人の口から出てしまえば、あとはマラソンについて聞いても大丈夫。もう警戒はされていないから、話ははずむ。**

が大きくなってしまいます。

逆の立場だったらそうですよね？　初対面で、メールのやり取りしかしたことがない相手が、妙にこちらのことを知っていたら、「……なんかストーカーっぽい？」なんてコワくなりませんか？

それを避けるために、初対面でも見ればわかる「体鍛えてますね」「日焼けしてますね」から入ります。いわば呼び水ですね。

**ポイントは、本人の口から「サーフィン」が出るまで待つことです。**

いったん出てしまえば、サーフィンで掘り下げても大丈夫です。もう警戒なんてされていませんから。

## コツ7 相手の個人的なトピックは、本人の口から出るまで待つ

# 8 地雷を踏んだら、すかさず謝る

プライベートの話をするのが好きな人もいれば、聞かれるのを嫌がる人もいます。独身者でも既婚者でも、結婚や子どもの話を振るときには「どうかな」と探りを入れつつがいいでしょう。仕事の話だって、あんまり話したがらない人もいます。そういう見極めは早めにしたいところですが、うっかり地雷を踏んでしまうこともありますよね。

「しまった！」と思った瞬間、「余計なこと言っちゃった」「申し訳ない」と思うあまり、何も言えなくなってしまうこともあるかもしれませんが、

**「ごめん！　今の忘れて！」**

と、すぐに謝っちゃうのがいちばんです。嫌な気持ちを引きずらなくてすみます。

盛り上がるかなと思って出した話題が外れたときも同じです。すぐに、

**「……あ、ない感じ？」**

**「ごめん、この話題いいわ」**

と、スッと引っ込める。

この間も、同僚に最先端のイヤホンのすごさを伝えたくて、「最近ずっといいイヤホンを探してて、しょっちゅうイヤホンのレビュー読んでるんだ、モノによってぜんぜん聴こえ方が違うから」と力説したものの、「iPhoneについてる白いやつでいいよ」の一点張り。「いや、聴いてみたらわかるって、違いが」ともう一押ししても、一向に興味を示してもらえなかったので、

**「この話題、いらないね」**

と、早めに撤退しました。

「地雷を踏んだ」「ハズした」と思ったら、感じたまま伝えてすばやく撤退。これができれば、恐れることはありません。

## コツ8 出した話題がハズれたらスッと引っ込める

# 2章

# いちばん大事なのは「相手にリラックスしてもらうこと」

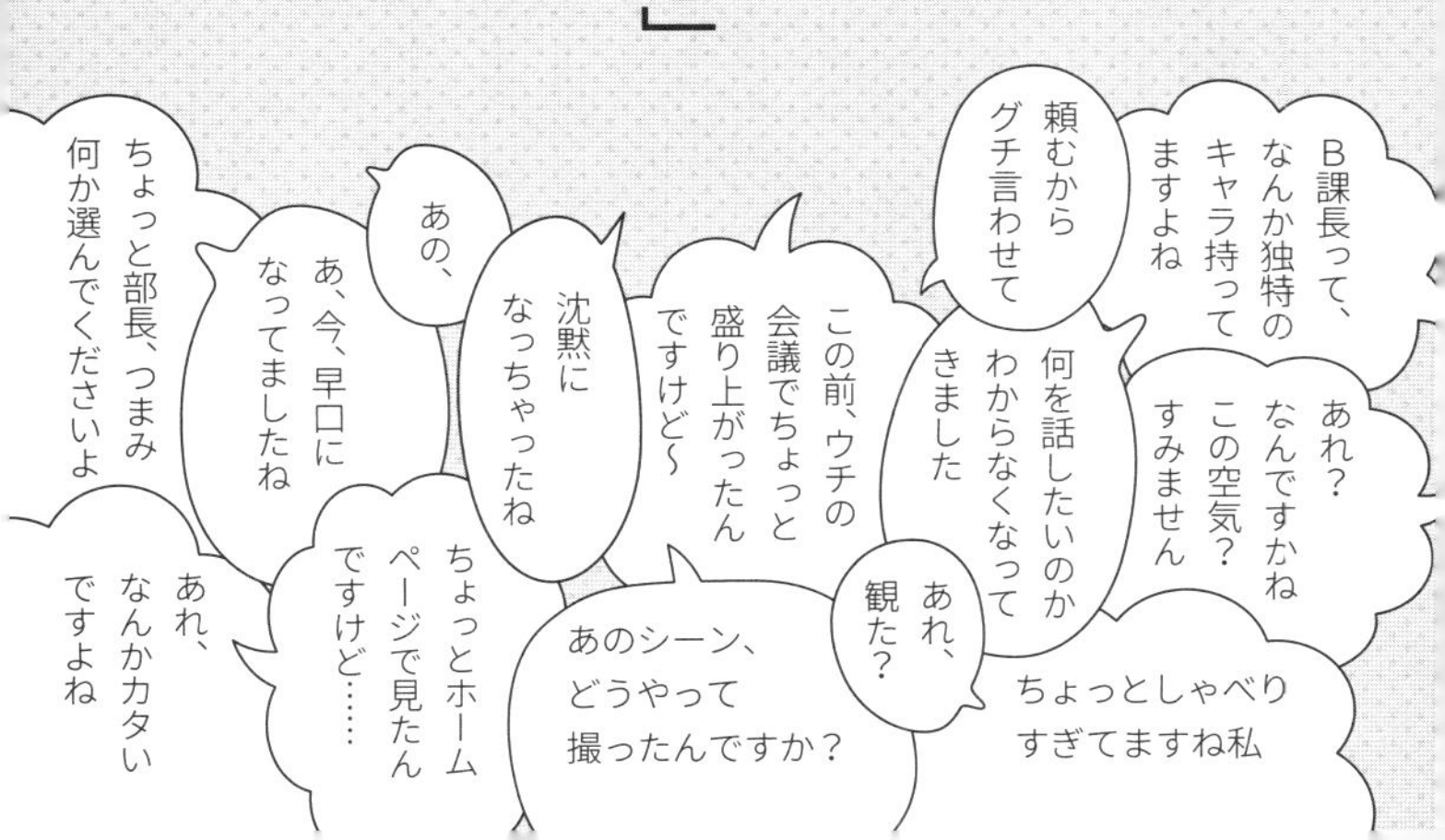
B課長って、なんか独特のキャラ持ってますよね
頼むからグチ言わせて
あれ？なんですかねこの空気？すみません
何を話したいのかわからなくなってきました
この前、ウチの会議でちょっと盛り上がったんですけど〜
沈黙になっちゃったね
あの、
あ、今、早口になってましたね
ちょっと部長、つまみ何か選んでくださいよ
あれ、観た？
ちょっとしゃべりすぎてますね私
あのシーン、どうやって撮ったんですか？
ちょっとホームページで見たんですけど……
あれ、なんかカタいですよね

## 1 笑顔も〝圧〟になりかねない

初対面は誰でも緊張するものなので、場を和《なご》ませるように話すことは意識しています。

たとえば、お客さんに部下を紹介するとき。普通に「部下の佐藤です」だけだと、固いままだし、印象にも残らないので、

**「開成から東大行って、なんでうちの会社に来たんだか」**

みたいなボケを加えると一気に和みます。

こういう「場を和ませる雑談」も大事ですが、その前に、そもそも雑談がはじまる手前の段階で、なんとなく「イイ感じだな」と思う人と、なんだか「圧がある」「緊張する」「カタそう」「合わなそう……」と思う人といませんか？

その差は何でしょう。よく言われる「笑顔」でしょうか？

**もちろん、仏頂面はよくありませんが、笑顔ならいいというわけでもないのです。**

「笑顔でいなきゃ」と思う人は、気まずくならないように、ネガティブな印象を与えない

ように、口角が下がらないように……と、100％善意で、良かれと思って笑顔にしているわけですよね。気持ちは痛いほどわかります。

でも、その笑顔が、残念ながら、受け取る相手からすると「圧」になっていることがあるんです。「いい人だと思ってほしい」「好感を持ってほしい」「信頼できる人間だと思ってもらいたい」と思って笑顔をつくっているので、本人は無意識なのですが、相手は「操作しようとされている」と警戒してしまうのです。自分を操作しようとする人を心地よく感じるわけがありません。

大事なのは、笑顔ではなく、やっぱり「リラックス」だと思います。

つい、「リラックスしているほうが印象が良くなるから」と、自分がリラックスすることが手段で、「好印象」が目的だと考えてしまいがちですが、目的は「相手にリラックスしてもらうこと」です。

初対面という誰だって緊張する場面で「そんなに緊張しなくてよさそうだな」、「リラックスできそうだ」と、相手に思ってもらえれば、それがいちばんの好印象です。そういう意味で、圧を与えるというのは一番やっちゃいけないことなのです。

たまに、一生懸命に相手の目を見て話す人がいます。「話を聞いていますよ！」、「コミュニケーション力、自信あります！」というアピールなのかもしれませんが、**見られているほうにしてみれば、圧でしかありません。**

では、相手に圧を与えず、リラックスしてもらうにはどうしたらいいかというと、まずは自分自身がリラックスすることが大事です。なぜかと言えば、相手がリラックスしていると自分もリラックスするように、相手だって、リラックスした人と話すほうがリラックスできるからです。目的が「相手がリラックスすること」というのは、こういう意味です。

逆に、緊張していると、表情は硬くなり、早口になります。ましてや「よく見られよう」と格好つけてカタい言葉、ていねいすぎる言葉を使うと、ますます雑談に持っていけない、ぎこちない空気ができあがっていきます。そんな緊張モードのまま、慌てて本題に入るのだけは避けたいですね。

**初対面で大事なのは、何よりリラックスです。ポイントは「相手にリラックスしてもらうことが最優先」ということです。そのために自分もリラックスしていることが大事、という順番だと思います。**

## コツ1 第一印象が一番いいのは、「リラックスさせてくれる人」

# 2 熱意アピールのつもりが〝圧〟に？

これから一緒に仕事をしたいお客さんのところにはじめて行くとき、本題に入る前の雑談で何を話すか、何を聞くかは重要です。みなさん、悩むと思います。

天気のこととか話題のニュースのこととか、当り障りのない話をしがちですが、それって相手にとっては興味があるかどうか、わからない話ですよね。それよりも、「どれだけあなたと仕事をしたいか」を伝えられれば、その後の本題にもつながる有意義な雑談になります。ただ、ストレートに言葉で伝えると、相手に圧をかけることになります。

僕らのような仕事の場合、役者さんと会うときがまさにそうです。これから自分が撮るドラマなり映画なりに出てほしい。こっちとしては熱意を伝えたいわけです。

さてここで、

「ずっと憧れてました。あなたと一度お仕事したかったんです」

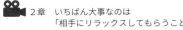

と言うのはどうでしょう、良いと思いますか？　それともやめておいた方がいいでしょうか。

実はこれ、やめておいた方がいいと思います。

なぜかというと、言われた方は、まだオファーを受けてない（ＯＫしてない）んです。**受けようかやめようか、あれこれ考えているときに熱意で押されたら、圧を感じてしまうわけです。**もちろん熱意の表れだとわかっているのですが、断る方がいいものを受けてしまうのは誰しも避けたいですよね。だから、うれしい気持ちもあるにしても、ちょっと引いてしまうし、圧をかけてくる相手に警戒心を抱いてしまうわけです。「一緒に仕事をしたい！」とそのまま相手に伝えたくなる気持ちはよくわかるのですが……。

熱意を伝えたいときには、僕は、アクションに置き換えることを意識します。

アクションというのは、たとえば、その人について調べるということです。役者さんだったら、過去に出演した作品を見る。面白いと思ったものについて、

**「あれ、面白かったですね。あのシーン、どうやって撮ったんですか？」**

と、具体的に聞くわけです。そうすると、「あ、観てくれてるんだ」、「そんなことも知

ってくれてるんだ」と、興味を持っていることが自然に伝わります。それに、その人がやってきたことなので、相手は答えやすいんです。

相手が会社の場合も、同じでしょう。その会社がやっている、その日の本題にかかわること以外の取り組みについても調べておいて、

**「ちょっとホームページで見たんですけど、10年前にこういうことやられていたんですね」**

などと雑談で話すと、「この人はちゃんと興味を持ってくれてるんだな」と熱意が伝わります。

「御社とぜひ仕事がしたいんです！」と、いくら訴えても、相手にとっては熱意の押し売りというか、圧をかけられているように感じちゃいます。**行動に置き換えると、熱意が間接的に伝わるので、圧にはならないんです。**熱意は行動で示さなければ、うまく伝わりません。

それから、初対面では、雑談を長く続ける必要はなくて、場を和ませたいわけですよね。

場を和ませるという意味では、商談相手の趣味や好きなもの、やってきたことを調べてお

くのもいいと思います。役者さんと話す前に、過去の作品を観るのと同じですね。

誰でも、自分のことを喋るのはラクです。事前にその人のことを調べておいて趣味ややってきたことについて質問をすれば、相手にとっては喋りやすいトピックなので、会話が弾んで、場が和みます。

初対面というのは自分だけではなく相手も緊張しています。でも、「自分のことを喋っていいんだ」と思うと、だんだんリラックスしてくるのです。相手がリラックスすると、自分もリラックスしてくるので、雑談しやすい空気になります。


このリラックスした空気をつくるということが、初対面だけではなく、雑談の基本というか、大前提です。リラックスなしには、雑談は硬く、ぎこちなくなります。

「どうやってリラックスするか」も含め、この章では、避けては通れない「リラックス」について説明しましょう。

## コツ2 相手が喋りやすいトピックを調べておく

# 3 「あれ？」を挟むと冷静になれる

人と話しているときに「まずい、いまオレ、リラックスできてないな」と感じたら、

「お前、緊張してるぞ」

と、心のなかで自分に言ってください。僕もそういう場面では、

**「緊張してるぞ」**

**「ゆっくり、ゆっくりな」**

**「焦らない、焦らない」**

などと、いつも自分に言い聞かせています。

「緊張するな」ではありません。「緊張してるぞ」です。

この違い、大事なんです。緊張していることを自覚すると落ち着けますが、「緊張したらいけない」と思うと、「ヤバい、ヤバい」と、かえって慌てちゃうんです。

雑談中に「まずい」と思ったら、感じていることをそのまま言葉で表すと、意外に冷静になれます。

**「話を広げようと思ったんですけど、緊張してて」**

**「ちょっとスベりましたけど」**

**「あ、今、早口になってましたね」**

と、自分が「ヤバいな」と思ったことを、そのまま正直に言っちゃうわけです。

緊張してしまったとき、それを隠そうとするともっと硬くなってしまいますが、あえて口に出してしまえば、自分からちょっと距離をとれて客観視できるようになるんです。そうすると、びっくりするほど冷静になれます。

緊張しているときって、誰だって相手に悟られたくない、隠《かく》したいと思いますよね。でも、いくら隠そうとしたってムリなんです。相手には伝わっちゃうんです。逆の立場だったら、皆さんも相手の緊張ってすぐに感じますよね？

自分で「緊張してる、まずい」と思っている。相手も「この人、緊張してるな、なんかカタいな」、「なんか聞いてて疲れるな」と思ってる。これこそ「その場全体が緊張しちゃ

## ――「まずい」と思ったら、そのまま口に出す――

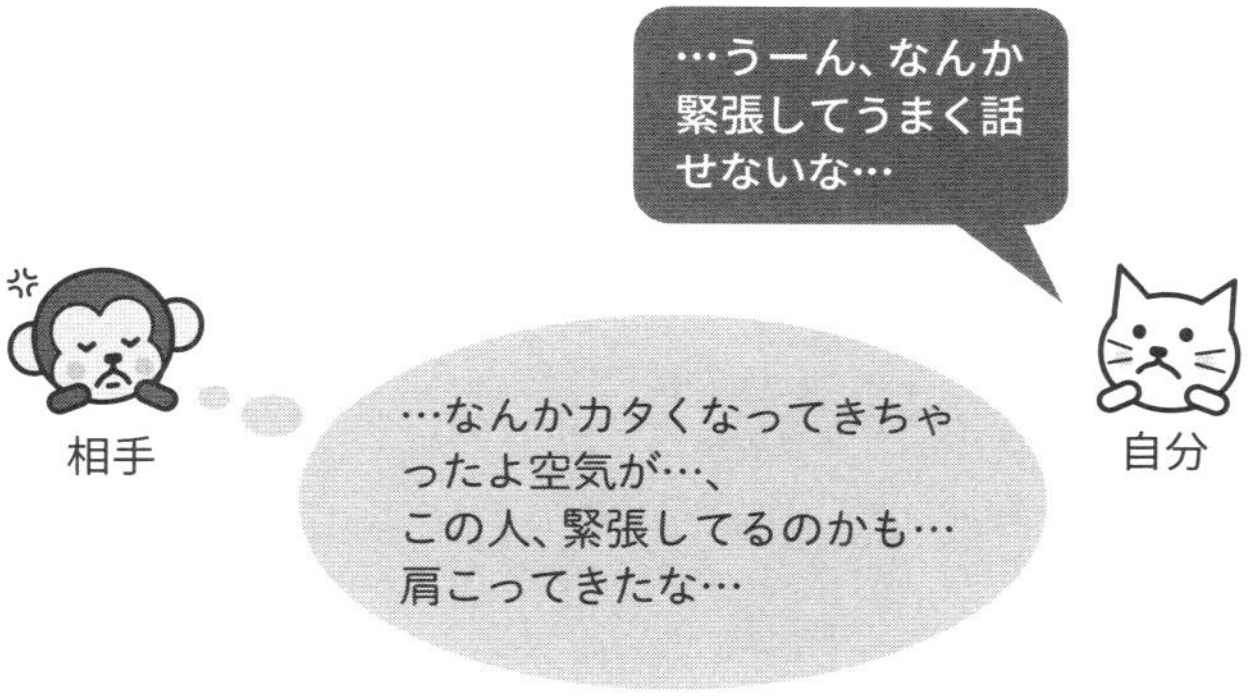
…うーん、なんか緊張してうまく話せないな…
相手
…なんかカタくなってきちゃったよ空気が…、この人、緊張してるのかも…肩こってきたな…
自分

空気が重たいとき、相手も同じように思っている。
でも言えない。だからよけいに重くなる。

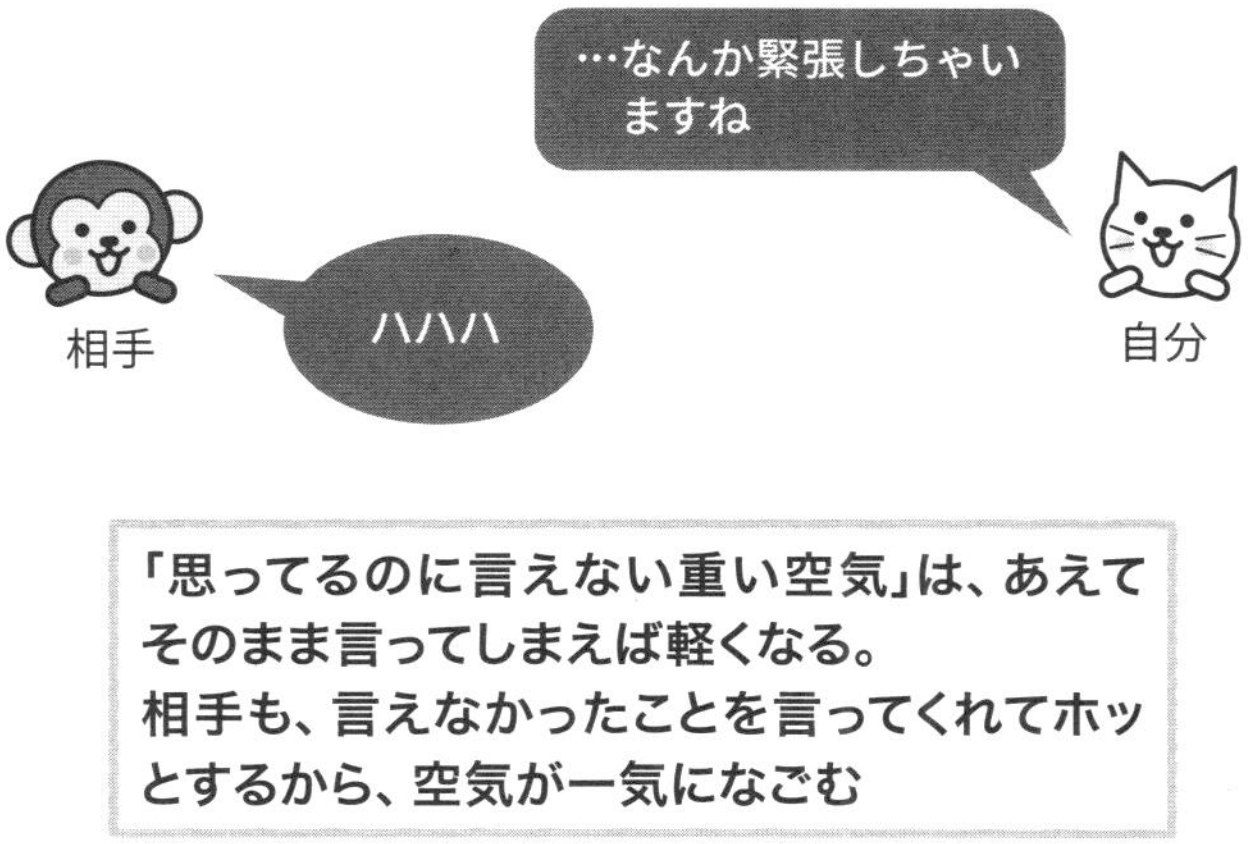
…なんか緊張しちゃいますね
相手
ハハハ
自分

**「思ってるのに言えない重い空気」は、あえてそのまま言ってしまえば軽くなる。**
**相手も、言えなかったことを言ってくれてホッとするから、空気が一気になごむ**

ってる状態」です。ますます盛り上がらなくなります。

**しかしそこで「緊張してる」「困ってる」と言っちゃうと、聞いている方にとっては「思ってるけど口に出せないイヤな緊張感」を和らげてくれるのでリラックスできるし、相手がリラックスすることで、話している自分もラクになれるのです。**

こういうテクニックは、スピーチとかプレゼンにも役立ちます。

喋っているうちに何を話したかったのか、着地点がわからなくなることってありますよね。そういうとき、話している本人だけじゃなく、聞いているほうも「何を言いたいのかな、この人」と思い、その場に微妙な緊張感が走っちゃいます。だから、そのまま平静を装って話し続けても、気まずいままなんです。

ここで話者自身に、

**「何を話したいのか、わからなくなってきました」**

と言ってもらえれば、笑いが起きます。話している方はその間に仕切り直せるんです。

僕は雑談中、

コツ3

## ヘンな空気になったら、そのまま口に出す

**「あれ？」**

とあえて口に出すこともあります。これも、一旦冷静になって雑談をリセットしたいときですね。「あれ？」じゃなくても、**「あ、」**でも、**「え？」**でもいいんですが、「『なんかやばいな、この空気』、『いまひとつだな』と思ったら、『あれ？』を思い出す！」と習慣化しておくわけです。

なんとなくうまくいっていない、自分ばっかり喋りすぎている、話す方向をちょっと間違った——というときに、「あれ？」を挟んで、

**「ちょっと喋りすぎてますね私」**
**「○○の話はどうでしたっけ？」**

と言うと、リセットして方向転換することができます。

# 4 「評価されたい」、「好かれたい」
## ——結果を求めるとうまくいかない

「リラックス、リラックス」と何度も書いていますが、ここで言うリラックスは、沖縄の海で寝転がってハァ〜と開放的になっている……みたいなことではありません。それは、気分が良くなっているだけ。

リラックスしている状態とは、自分の感情といい感じの距離が取れていて、自分のことが見えている状態です。そうすると、場の空気も読めるし、相手の表情の変化にも気づけるし、突発的な状況にもすぐに対応できます。

逆にリラックスできていない状態というのは、自分の感情にとらわれている状態。雑談がうまくいかない人は、「相手にどう見られるか」、「どう見られたいか」を必要以上に意識しているから、どんどんリラックス状態から遠ざかり、自分のことも相手のことも場の空気もわからなくなって、会話が続かなくなっているのではないでしょうか。

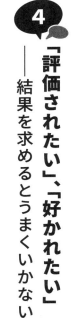

では、なぜ、「相手にどう見られるか」を必要以上に意識してしまうのか。それは、自分の評価とかプライドが傷つくのを恐れているから、ですよね。

誰だって（僕だって）、「よく見られたい」という気持ちはあります。でも、それって、雑談に必要ですか？　そこにとらわれている限り、雑談はうまくなりません。

逆に、雑談がうまい人って、結果を考えて行動しない人だと思います。「相手にこう見られたい」なんて思っていないから、思いつくまま話せて、雑談が続くわけです。

**なんとも思っていない異性とは普通に楽しく話せるのに、いいなと思っている人ほど緊張して会話が続かないということ、ありますよね。これは「好かれる」という結果を欲しがるあまり、自由に話せなくなっているからです。**

女性の友人同士の話を見ていると、あっちに行ったりこっちに行ったりしながら、話が尽きないじゃないですか。いっぽう、スーツ姿のサラリーマンが3、4人並んでシーンとしている光景はよく見かけます。

「これを言ったら、どう思われるだろう？」

「自分の評価が下がらないか？」

「頭が悪いと思われないか？」

と、口に出す前から「このことを話した結果得られるメリットやデメリット」を考えていたら、どんどん自由な会話はできなくなり、固くなってしまいます。

そもそも「結果」や「メリット」を考えながら話していると、相手の話をちゃんと聞けていないことが多いのではないでしょうか。「あ、それは要らないや」など流しながら自分にメリットのあるポイントだけ反応することになりがちです。こうなると相手の「この話題を広げたい」といったサインを、つい聞き逃しています。

**なぜか盛り上がらない――理由は、リラックスできていなくて、頭で会話している、つまり「評価」「結果」「メリット」を得るために話しているからだと思います。**

## コツ4 「評価」「結果」「メリット」を意識しないほうが楽しくなる！

# 5 リラックス上手は、すぐ「ごめん」と言える

これを言ったら相手はどう思うのか――。

それは、言ったあとの反応で捉《とら》えればいいんです。言う前から結果を想像しているから、リラックスできなくなるんです。

大事なのは、失敗しないように言葉を控えることではなく、失敗してしまったら「ごめん」と言えるかどうか。「余計なことを言っちゃった」とか、「(相手を)不快にさせちゃったかも」と思ったら、すぐに、

**「ごめん!」**

**「すいません、部長!」**


と謝る。そのほうが大事です。

**雑談なのに、「間違っちゃいけない」とか、「いいことを言わなければいけない」とか、**

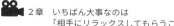

**思っている人が多いんですよね。**
**でも、完璧な人間よりも、失敗したらすぐ謝れる人間のほうが愛されると思いませんか？**

「間違ったことを言ったら『ごめん！』と言えばいい」と思えれば、気軽に思ったままを言えて、誰とでもリラックスして対応できるようになるので、取り立てて面白いことを言わなくても、雑談が続くようになります。

「失敗しないように」と自分を守って、殻にこもっている人ほど、しゃべりづらいことはありません。

ちょっと話はそれますが、僕は、リーダーに最も必要なのは、人間らしさだと思っています。みんな完璧な人間をめざそうとしますが、そうではなく、弱い部分を見せたり、負けを認めたりして、「あの人も私と同じ人間なんだ」と思われてはじめて、周りに信頼されると思うんです。

たとえば、ドラマや映画の撮影中、何十人ものプロたちが何時間もかけてさんざんセッティングをして、「よーい、スタート」って撮り始めたあとで、「あ、カメラのポジション、ここじゃなかったな」と気づくことがあります。

そういうときも、すぐに、

**「すいません。間違ってました。でもどうすればいいかわかんない」**

と、素直に言います。そうすると、みんな寄ってきて、アレコレ提案してくれるわけです。

ただ、その間、百人近くの人が僕の指示を待っています。嫌味を言われることもあります。でも、「ごめんなさい」と、素直に心から言えば、ピリピリしかけていた空気もゆるむんです。

百人もの集団を待たせている立場の人間が、プレッシャーを感じながらも「間違ってました」と言っても大丈夫なんだから、少人数の雑談とか、仕事場で「間違ってました」って言ったところで、みんな、なんとも思いません。むしろ、「失敗しても反省して次に生かせばいい」、「すみませんって言っていいんだ」という暗黙の了解ができて、なんでも言える環境に変わります。

「これを言ったらバカにされるんじゃないか」とか「怒るだろうな」と思って硬くなっちゃうのは、「できる人と思われたい」「いい人だと思われたい」と自分で勝手にハードルを上げてつまずいているようなものじゃないでしょうか。

もちろん、誰だってミスなんてしたくないし、できれば「この人はミスのない有能な人だ」と思われたいですよ。でも、周りの人は「この人はできるからミスなんてしないだろう」とか「カンペキなんだろうなこの人は」なんて、まるで防犯カメラかのような目でこちらをチェックしてるわけじゃないんです。

**こちらが思うほど他人のことなんて考えてないし、気にとめちゃいないんです。忙しいんですから、みんな。**

その事実を知るだけで、肩の力が抜けるはずです。

# 6 「オフィシャルな場」でオープンにする習慣を

ここまで、「まずい、カタいな」と思ったら、あえてそれを口に出してしまおう、という話をしました。

しかし、すぐ口に出せるようになるかというと、少しむずかしいかもしれません。まじめな人ほど、自分の気持ちにフタをしてしまう癖がついています。「疲れても頑張る」、「嫌いな人にも感じよく接する」といったことと同じように「緊張してると思っても、頑張って乗り越えようとする」。「空気がカタいと思っても、そこをなんとか盛り上げなきゃと思う」といった具合です。

**つまり相手にだけでなく、自分自身に対しても、ある意味で心を閉じているわけです。**

ここを逆に、オープンにすると、

**「あれ、なんかカタいですよね」**

なんて言いやすくなるわけですね。相手もこういう人に好感を持つし、リラックスして話せるわけです。

――「そんなつもりはなかったけど、たしかに閉じてたなぁ」と、思い当たる人も多いのではないでしょうか。長年つづけてきたことで、ある意味では美徳ですから、そう簡単に変われるものではありません（もちろん、私は努力や気遣いを否定しているわけではありませんから誤解しないでください）。

こういうことは習慣にしてしまうのが一番です。もっと心をオープンにして話したいのなら、会議や打ち合わせなどの「オフィシャルな場」でも吐き出せるように訓練することが近道だと思います。

会議や打ち合わせで、自分の意見を言うのをためらってしまうことって、あると思います。「こんなこと言ったらバカにされるんじゃないか」、「もっといいアイデアを出さなきゃ」、「自分なんぞが……」と、ついつい思っちゃう気持ちはわかります。たぶん、雑談が苦手な人って、この傾向が強いと思います。

でも、会議や打ち合わせでは、どんな意見も貴重ですよね。誰かが何かを言ってくれると、他の人が話しやすくなったり、出た意見をヒントに別のアイデアが出たりします。なんでもいいから「口に出すこと」って重要です。

雑談も、場を盛り上げたい、相手と仲良くなりたいなら、ただ受け身で自分から何のアクションも起こさないスタンスではむずかしいと思います。アクションを起こさない限り、リアクションはもらえません。

なぜ自分からアクションを起こしにくいのかと言えば、ふだんも抑えているからではないでしょうか。

「会議などのオフィシャルな場でならまだしも、カジュアルな雑談でまで、なんでわざわざ、頑張って自分をオープンにする必要があるの？」と、どこかで思っているんじゃないでしょうか？

**オフィシャルな場で、心を開いて吐き出す訓練をしておけば、雑談ではもっと楽に吐き出せるようになります。**筋トレと一緒で、負荷をかけてトレーニングをしておけば、負荷を外したときに楽になるんです。

映画『探偵はBARにいる3』の打ち上げで、最後に挨拶《あいさつ》をしたとき、僕は言おうか言うまいか迷ったのですが、

「シリーズ1、2の続編で、急に『3』の監督を任されたわけですが、スタッフは全員前作と変わらないなか、僕だけが変わったのは難しかった」

と、率直に言っちゃいました。

それについて個々がどう受け取ったのかはわかりません。僕も、決して文句を言いたかったわけではなく、ただ、自分が至らなかったという気持ち、もうちょっとできたんじゃないかという気持ちを吐き出しておいたほうが、心の健康上、良いと思ったんです。

ようやく映像の編集が終わって、音がまだついていない「ピクチャーロック」を全員で確認したとき、みんな満足しているようでした。「難しかった」と吐き出したことで、何か尾を引いたり、気を遣わせたりするかなと思っていたんですが、誰一人気になんてしていなかったんです。結局、見られるのは結果なんですよね。

だから、プロセスの段階で「どう思われるか」を溜め込んで気に病む必要はないんです。

溜め込めば溜め込むほど、「認めてほしい感」が出ちゃうじゃないですか。「いや、吉田さん、『3』だけだったと思えないくらい良かったですよって言われたい」なんて。だから溜めないほうがいいんです。

余談が長くなりましたが、伝えたかったのは、

- **思っていることを吐き出したほうが、自分の精神状態がよくなる**
- **相手は、自分が思うほど、こちらのことなんて気にしていない**
- **ふだんから、特に会議などのオフィシャルな場で自分の気持ちを吐き出す訓練をしておけば、カジュアルな雑談では、自分をオープンにしやすくなる**

ということです。

## コツ6　気持ちにフタをする習慣は、雑談の盛り上がりにもフタをする

## 7 グチる会のすすめ

雑談がうまくない、苦手だと感じているなら、自分を〝雑談をしなければいけない環境〟に強制的に置くのもひとつの手です。

ダイエットだって、なかなか成功しないのは、習慣を変えるのが難しいからですよね。でも、お金を払って、パーソナルトレーニングを受けはじめたら、「やらなきゃ！」って本気で思います。雑談がうまくなりたいと本気で思うなら、自分で誘って、雑談の会を開いてみてください。自分から誘うというチャレンジをすることで、雑談しなきゃいけない環境をつくるわけです。

**おすすめしたいのが、テーマに縛りを設けることです。**なにも「今日はこれについて話そう」なんて子どもの学級会みたいにやるわけじゃありません。前にも少しふれましたが、私がよくやっているのは、全身から思い切り疲労感をにじませて（ホントに疲れてることも多いんですが）、

**「あぁ疲れた……とにかく仕事しすぎで相当ストレスたまってる。頼むからグチ言わせて」「どうしても……今日だけは下ネタ言いたい。お願いだから、1時間でいい、下ネタ縛りにさせて」**などという「縛り」です。

本当に言いたいのもありますが（笑）、人間、何でも話していいといわれると、かえって難しいものです。何か縛りがあるほうが、面白くなるんです。

「グチる会」とか、「ほめ合う会」とか、「不倫について語る会」とか、なんでもいいから縛りを設ける。くり返しますが、とくに「グチ」は、人を誘いやすいです、不満が何もない人なんていませんから。誘われた部下も、上司の自慢を聞かされなくてすむし、ある意味気が楽です。大人数じゃなくてもかまいません。まずは、付き合っている彼女とか、仲の良い友人とかを誘って、「もうわかったよ！」と怒られるくらい徹底的に「相手をほめ合う会」をすることから始めてもいいと思います。

グチる会も、ほめ合う会も、映画の会も、下ネタの会も、実は全部開催したことがあるのですが、縛りをつくることで、話題は尽きるどころが、どんどん広がっていきます。

## コツ7　「縛り」を設けると、話しやすくなってかえって広がる

# 8 乾杯までの「緊張タイム」はメニューでつなぐ

緊張する時間と言えば、飲み会や懇親会、合コンのオープニングも、お互いに出方をうかがって、ぎくしゃくしがちです。

**とくに乾杯のドリンクが出てくるまでの間ってツライですよね。**

ただ、あの時間帯には、強力な助っ人が存在します。メニューです。

本当に会話に困ったら、メニューをテーブルに広げて、

**「何いきますか？」**

**「どうしましょうか」**

と声に出します。職場の飲み会だったら、

**「部長、どうします？」**

と上司に聞いて、相手がリアクションをしやすい状況をつくります。

間違っても、一人でメニューを見ないでください。ただじっとメニューを見ていても、

シーンとなるだけです。

メニューを共有しても、もうひとつ空気が硬いままのときには、店員を巻き込みます。

メニューのなかには、変わった名前の料理があったり、おすすめスタンプが押してあったりしますよね。

**「これ、なんでしょうねー」**

なんて言いながら、店員に声をかけて、

**「これって何ですか？」**

**「おすすめって何ですか？」**

と聞いていると、そのやり取りをきっかけに場が和みます。

メニュー関連で、もうひとつ。「なんでもいいから」と言われたときに、鵜呑みにして注文を始めちゃう人がいますが、「なんでもいい」と言っていても、大抵、なんでもよくありません。食べたいものはあるんです。

「じゃあ、なんでもいいなんて言うな」と思うかもしれませんが、まっさらな状態から決めるのは難しいから、「なんでもいい」と言っているだけ。「グチる会」と一緒で、枠を設定してあげたほうがいいんです。

「じゃあとりあえず焼き鳥と枝豆と……」と定番メニューを挙げつつ、

**「ちょっとつまみで、部長、何か選んでくださいよ」**

と、その場でいちばん立場が上の人に振ってみる。

「つまみで」と限定されると選びやすくなります。もし枠を決めても「お前決めろ」と言われたら、

**「じゃあ、課長!」**

と別の人に回す。そういう風にしていると、そのうちビールが来るのでひとまず安心です。

それから、**飲み会や合コンで「回し役」が席を立った瞬間に会話がなくなるという恐怖の展開もありますよね。**あの瞬間、緊張が走ります。思っていることは全員同じです。

「ヤバい、何か話さなきゃ」

「誰か何か話せよ!」

「『あいつがいないと』って思われちゃってるだろうな」

ヘタなことを言い出すと修復不能なほどスベりそうで、誰も話さない。よくある場面です。思い出すだけでイヤな汗が出てきますね（笑）。

察しのいい方はもうお気づきでしょう。さっきお話しした「オープン」です、ここでも皆を救うのは。思ったまま言葉にすればいいんです。

**「……沈黙になっちゃったね」**

――ちょっと拍子抜けしてしまいましたか？　突然沈黙になったとき、いちばんスマートに、誰も傷つけずに全員を救える一言はこれです。しかもほぼノーリスクです。

**みんな同じことが気になっているんだから、誰かが言ってくれるとホッとするんです。**

オーダーした料理が出てくるのが遅いときや、隣のテーブルがやけにうるさいときにも、

**「……なんか遅くない？」**

**「……やけににぎやかっていうか、正直ちょっとうるさいよね」**

と言うと、それだけでみんなホッとします。言わないまま取り繕っていると、会話に集中できません。ヘタなことを言うともっと気まずくなる。そこを一発で救えるんだから、

言わない手はありません。

打ち合わせや会議でも、自分の発言で雰囲気が悪くなったら、**「あれ？　なんですかねこの空気？　すみません」**くらい言えたほうが楽になります。


こういうことも、リラックスして場が見えているとできるんです。

ポイントは、自分がどう見られたいかではなく、相手（あるいは周り）目線で見ることです。自分が気まずいときは相手（周り）も気まずいわけで、**どう振る舞ってくれる人がいたらホッとするか**、ということです。

## コツ8 沈黙したら「沈黙になっちゃったね」がベスト

## 9 「あの、」で話しかける

先日、放送人が選ぶ「放送人グランプリ」で、大山勝美賞をいただいたのですが、その授賞式の会場で、TBSテレビの土井裕泰さんと隣の席になりました。「逃げるは恥だが役に立つ」、「カルテット」といった話題作を手掛けられた売れっ子、TBSのエースです。待っている間に話したいなと思いつつも、初対面だったので僕も緊張していて、なかなか話しかけられず、何とも言えない空気が生まれそうなときに、共通の知り合いがいることを思い出しました。

で、いざ話しかけた第一声が、

**「あの、」**

です。

何だよそれ、と思うかもしれませんが、これ、大事なんです。宴会とかパーティとかで、

偶然隣になった人に話しかけるようなときにも、

「あの、」

で始めてみて下さい。いきなり「じつは、Aさん（共通の知り合い）とは――」と始めたら、ちょっと唐突なのでが構えられちゃいます。

「あの、」

と声を出して、「話しかけますよ」というサインを出して、次に言ったのが、

**「土井さん、今年3つもドラマやって大忙しでしたね」**

これが、雑談を始めるきっかけになります。雑談に入っていく前段階として、相手の経歴や持ち物をほめたり、関心を示したりすることで、「あなたに関心を持っていますよ」ということを伝えるわけです。そうすると、ちょっと空気があたたまって、「じつはAさんとは」と、スーッと雑談に入っていくことができます。

お客さんの会社をはじめて訪問するときだったら、メールでのやり取りから受けた印象とか、会社の入り口から応接室に来るまでに気づいたこと、あるいは面会した担当者の持

ち物で特徴的なこととかを、入り口に使うといいと思います。

**「B課長って、なんか独特のキャラ持ってますよね」とか、**

**「こちらのエレベーター、すごく速くないですか?」とか、**

**「ネクタイ、ちょっとめずらしいですよね。どこで買ったんですか?」**とか。

相手が男性だったら、

**「あの、受付の方、妙にきれいなんですけど」**

とかもアリだと思います。

ポイントは、なるべく具体的な表現を入れることです。「この会社は活気があっていいですね」とか「きれいなオフィスですね」では、ふわっとしていて返事のしようがないので雑談にならないし、お世辞やきれいごとっぽく聞こえてしまうかもしれません。

そうすると、「気を遣ってます」というメッセージだけが伝わって、カタい空気になってしまう。「気を遣ってくれてるのはわかるけど、なんか疲れるなぁ」と思われてしまうわけです。

**「建物の中が真っ白で、きれいなオフィスですね」**

くらいは付け加えられると、ちょっとは相手が答えやすくなるし、「気を遣ってくれてるけど、それだけ」という印象ではなくなります。

そういう意味では、雑談に入っていくまでの、「ネタを探す」というアクションが必要です。

オフィスの入り口から担当者に会うまでの間、あるいは、相手の姿をパッと見たときに、なにかひとつでも特徴に気づければ、雑談の入り口として使えます。

「そんな一瞬で気づけないよ」と思うかもしれませんが、大丈夫です。大事なのは、ネタを拾おうと意識しているかどうかですから。

**バッグにこだわりがありそうとか、ネイルをきれいに塗っているとか、高級そうな時計をしているとか、ネクタイの柄がユニークとか。とくに初対面の人に会ったら、必ずひとつは、その人がこだわりを持っていそうなところを見つけるようにしてください。**

日頃から、特徴があるものに気づくように意識していると、2回目に会うときには前回との違いや、何か「お！」と思うものが自然に目に入ってくるようになりますから。

## コツ9 まわりに転がっている「キッカケ」を拾えるように意識しよう

## 10 アイデアはブレストではなく「リラックスした雑談」から

「アイデアは雑談から生まれる」とよく言われますが、本当にそうだと思います。

「サラリーマンNEO」も、「洞窟おじさん」というドラマをつくったときも、きっかけは雑談でした。「洞窟おじさん」のほうは、久しぶりに会った知人と飲んだときに「最近何かおもしろい本読みました？」って聞いたら、紹介してくれたのが、原作になった『洞窟オジさん』という本だったんです。読んだ瞬間、「これだ！」と思いました。

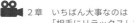

そんな風に、誰かとの雑談で教えてもらったことが企画やアイデアにつながること、本当に多いです。雑談しているときに、会社のなかでは思いつかないアイデアが浮かぶんですよね。会議室ではなかなか生まれません。会社にいると、どうしても会社という枠組みのなかで思考しちゃうんだと思います。

放送作家さんとの企画会議とか、会議室でアイデアを出さなければいけないとき、僕は議長みたいなことをやるのですが、まず雑談から始めます。

「どういうコントつくる？」って聞いたところで面白いアイデアは生まれないので、

**「あの映画、観ました？」**

などと始めて、

**「最近、何か面白い作品ありました？」**

**「最近、何か面白いことありました？」**

みたいな話を延々としています。焦らずに、最近あった面白いこと、気になることを言っていくなかで直感的に「これだ！」と引っかかる言葉や出来事はないかと探しています。


科学の世界でも、アイデアは研究室では生まれないっていいますよね。家に帰ったときとか、歩いているとかに「これだ！」と思いつくことがほとんどだそうです。

リラックスしない限り、アイデアは生まれないんです。

ということは、会議でアイデアを出さないといけないときには、みんながリラックスした状態をつくらなきゃいけません。

ちょっと前にブレスト（ブレイン・ストーミング）が流行りました。「他人の意見を否定しない」をルールにどんどん意見を出し合おうというものですが、最近では聞かなくなりましたね。なぜかと言えば、「いいことを言わなきゃいけない」という意識に縛られている限り、リラックスなんてできなくて、本当に良いアイデアは生まれないからです。

**だから、アイデアを出さなければいけない会議ほど、雑談をしたほうがいいと思います。**

いきなりかしこまってパワーポイントを立ち上げて説明して、「はい、何かいいアイデアはありませんか？」って聞いたって、みんな同じ思考回路になっちゃってるんだから、アイデアは浮かびません。

ぜひ、「最近なんか面白いこと、気になったことない？」と雑談することから、会議を始めてみてください。最初の10分、15分でもいいんです（「会議を始める前にですね」なんて、かしこまったらダメですよ、リラックスが大事なんですから）。

いちばん良いのは、会議を仕切る立場の人が、自分から、

**「あれ、観た？」**

と、口火を切ることです。

**「『ガーディアンズ・オブ・ギャラクシー』って観ました？　めちゃくちゃ面白いですよ。昨日観て、感激しました」**

**「最近、チキンがえらく高騰してるみたいですね。この間、ネットで見ました。糖質制限が流行ってるからですかね」**

みたいな感じで良いと思います。

笑わせる必要はなく、会議に参加しているみんなが、気軽に一言、二言言えるような話であればいいんです。女性が多い職場では、恋愛やダイエットは、みんな関心があるので盛り上がると思います。ネットにも情報が溢れているので、ネタも拾いやすいです。

そして、会議で盛り上がった話があれば、

**「この前、ウチの会議でちょっと盛り上がったんですけど。ダイエットの話で、糖質制限とカロリー制限で言い争いになったんです」**

とか、別の場での雑談ネタにもなるので、一石二鳥です。

## コツ10 アイデアがほしいミーティングは、雑談から始める

# 3章

# 相手の「話したい！」が上がるポイント

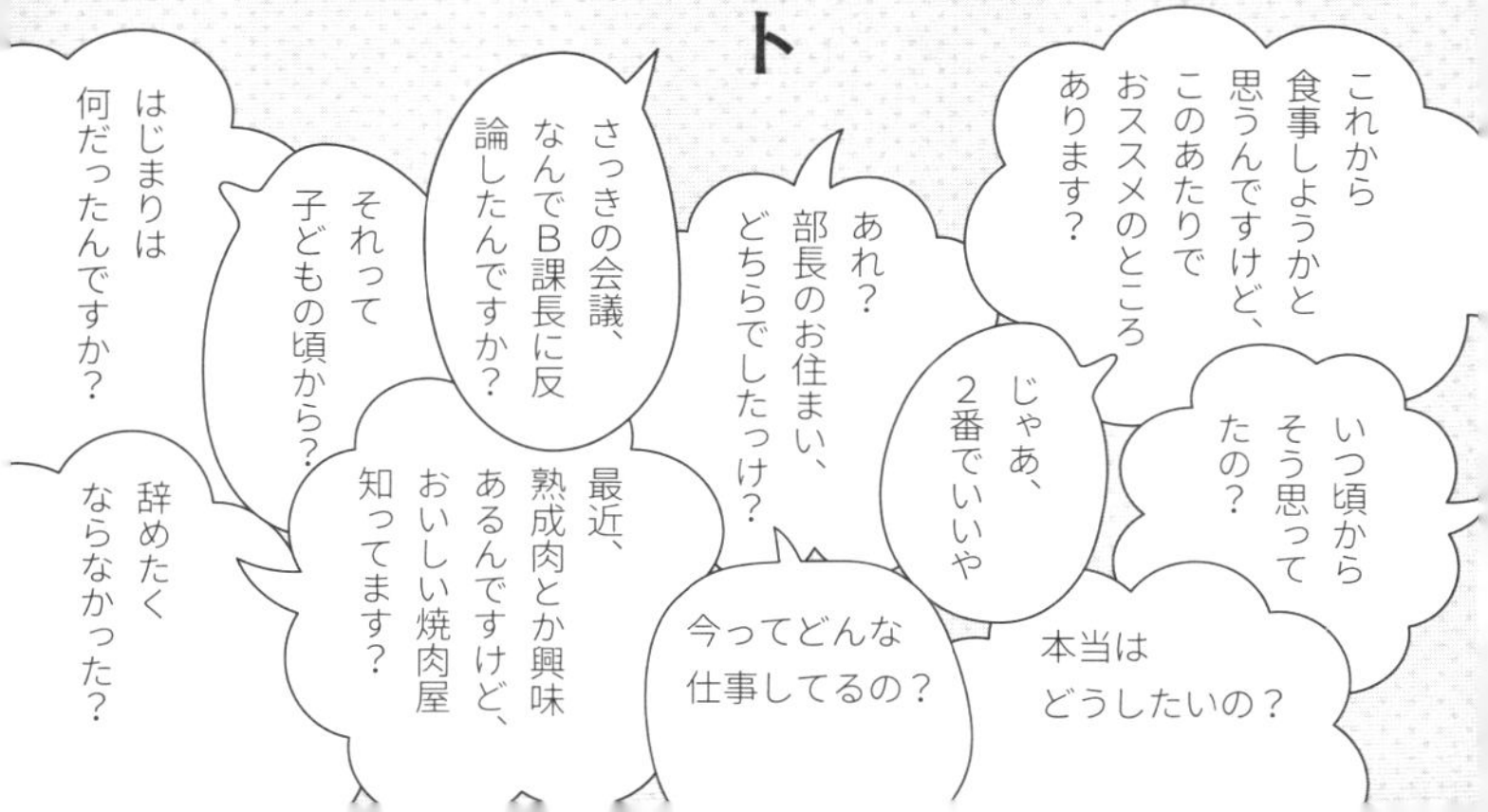
これから食事しようかと思うんですけど、このあたりでおススメのところあります？
いつ頃からそう思ってたの？
本当はどうしたいの？
じゃあ、2番でいいや
あれ？部長のお住まい、どちらでしたっけ？
今ってどんな仕事してるの？
さっきの会議、なんでB課長に反論したんですか？
最近、熟成肉とか興味あるんですけど、おいしい焼肉屋知ってます？
それって子どもの頃から？
はじまりは何だったんですか？
辞めたくならなかった？

# 1 上司からの脈絡のない質問に、ただ答えるだけでは……

いきなりですが、部下の席にふらっと上司が現れて、こんな会話になったとしましょう。

上司「お、新しいマンション買ったんだって？」
部下「そうなんですよー。買うか買わないか、新築か中古か、ずっと悩んでたんですけど、ついに買っちゃいました。いい物件で早いもの勝ちだったんで」
上司「へえ」
部下「45階建てのタワーマンションで――」
上司「すごいじゃん」
部下「っていっても、2階なんですけどね。エレベーター使うときに毎回『すみません』って思っちゃいますよ」
上司「(笑)」

どうでしょう？

上司の質問にプラスαを加えながら答えていて、タワーマンションという自慢になりそうな話に、「でも2階」という自虐ネタを加えることで笑いもとっている。雑談上手な感じがしますよね。周りからもそう思われているでしょう。

しかし、いい気になってはいけません（笑）。この部下君、実は一番大事なことを忘れています。

**相手がわざわざ、とくに脈絡もないのに質問してきたということは、何か聞いてほしいことがあるからなんです。**

私の経験上、突然ふらっと来て質問する人のほとんどは、聞いてほしいことがあるから質問をしています。

だから自分のことをちょっと話したら早めに切り上げて、

**「あれ？　部長のお住まい、どちらでしたっけ？」**

と、振るのが正解です。マンションのことを聞かれてうれしくなって長々と喋っちゃうのは、そりゃ気持ちはすごくわかりますが、残念ながら最も大事なポイントを外しているのです。

仕事の合間、何の前触れもなく「忙しい?」と部長に聞かれた。こういうときにも、「ぼちぼちですね」、「いや、ちょっと暇で、すみません」と答えて終わり、という人は多いと思いますが、もったいなさすぎです! ここは必ず、

**「部長はいかがですか? お忙しそうに見えますすけど」**

と聞き返しましょう。

自分のアンサーよりも、むしろ、この「部長は?」が大事です。最後に「部長は?」と聞くと、「実は、オレさ」と始まるのです。

質問してくるのは聞いてほしい人(=話したい人)が多いもの。いきなり「実は、オレさ」とは言いにくいから、唐突な質問をしてくるのです。その真意を汲み取ってあげるのが、大人の雑談です。

ただし、突然の「忙しい?」には、「聞いてほしいことがある」以外にも、いくつかのパターンがあります。

「ちょっと面倒な仕事を振りたい」、あるいは「仕事終わりに飲みに誘いたい、グチをき

## ——脈絡なく質問してくる人には——

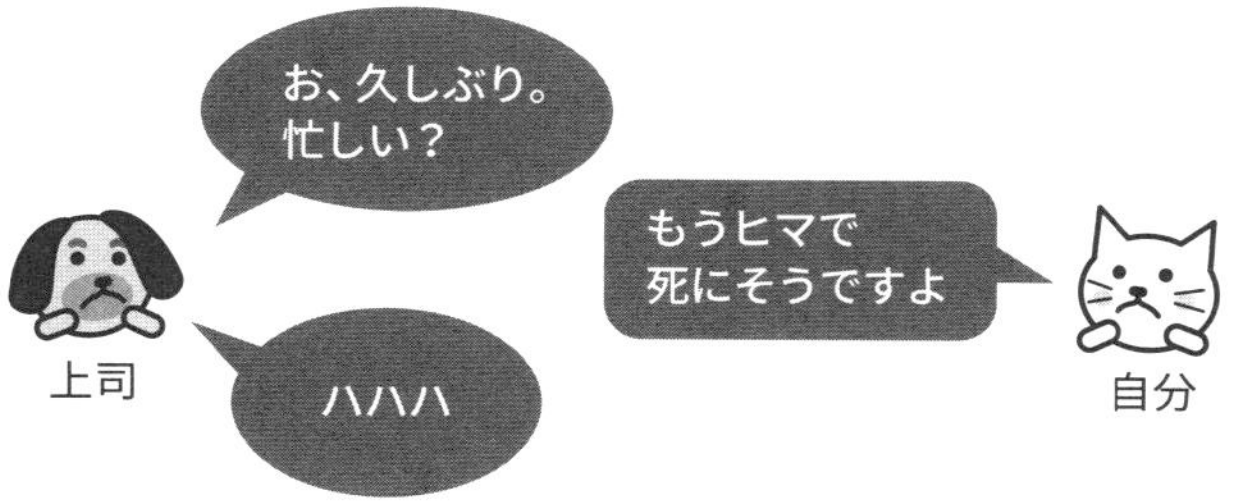


「笑いで終わった＝ナイスな雑談」ではない。
なぜ上司は、突然ふらっと来て話しかけてきたのか？

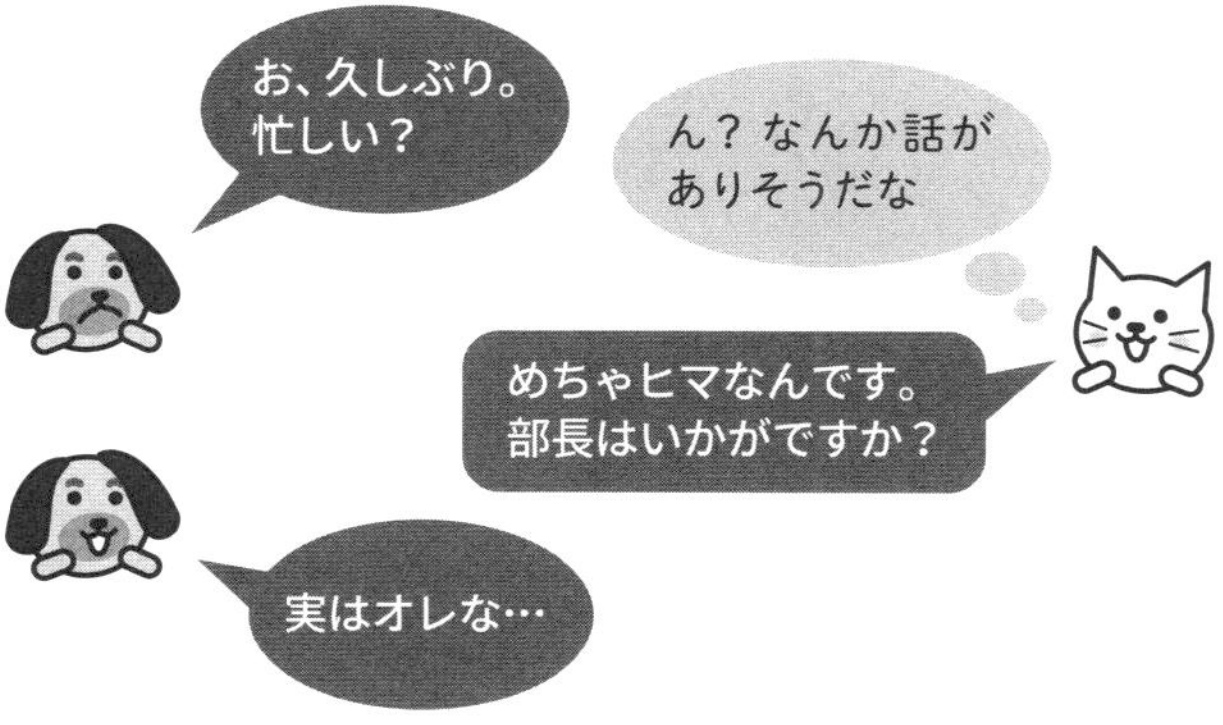


**いきなり「聞いてほしい話がある」とは言いづらい。だから、ふらっとやってきて質問をするという心理を読み、聞き返してあげよう。**

いてほしい」というシチュエーションもあるでしょう。これは、日頃の付き合いから、どのタイプの「忙しい？」なのか、嗅覚をとがらせておけば、瞬時にわかるようになります。

「振りたい仕事がありそうだな」とピンときたら、僕だったら、

**「あ、また何か新しい仕事でもある感じですか？」**

とストレートに聞きます。飲みの誘いだなと察知して、今日は断りたいなと思ったら、

**「そんなでもないですけど、今日は映画観に行こうと思ってます」**

とか、言っちゃいます。誘われたあとに断るのは気まずいので、先に予定を言って、予防線を張っておくわけです。

「忙しい？」の裏に隠された上司心を読み取れるのが、雑談上手です。

コツ1 脈絡なく質問してくる人には、聞いてほしいことがある

# 2 「なぜ」で感情を引き出す

ストーリーがあると、人は盛り上がります。

たとえば、雑談をしていて学生時代の部活の話になったとします。

「野球部だった」と聞いたら、どんな質問をしますか？

よくあるのは、「ポジションは？」。

元野球部同士だったら、それでも盛り上がるかもしれません。でも、「セカンドだった」と言われても、自分から聞いておきながら「そうなんだー」で終わっちゃう人のほうが多いのではないでしょうか。

**ポジションより、「レギュラーだったかどうか」を聞くほうが、その後は展開しやすいです。**

「高校3年間続けてたけど、レギュラーになれなくて」とか、「3年に上がったときにレギュラーから落ちて」などと言われたら、

**「辞めたくならなかった？」**

と、聞きたくなりませんか？

「ずっとレギュラーだった」と言われても、

**「ツラくなったことはない？」**

**「辞めたいと思ったこと、ない？」**

などと聞くと、「同級生が休んだとき、自分はキャプテンだったから、自分までケツバットされたときには辞めてやろうかと思った」とか、具体的なエピソードが出てきます。

大事なのは、「情報」ではなく、「感情」を聞くことです。そのときの感情を思い出すと、その人のなかでどんどん盛り上がって、忘れていたエピソードがよみがえってきます。その点、**「レギュラーだったか補欠だったか」は、「ポジションがどこだったか」よりも、ドラマがある分、感情を聞きやすいんです。**

悲しかったとか、悔しかったとか、うれしかったといった感情に結びつくようなことを聞いていくと、長い間忘れていたドラマが思い出されて、話は盛り上がります。

## ――情報だけだと楽しくなりにくい――

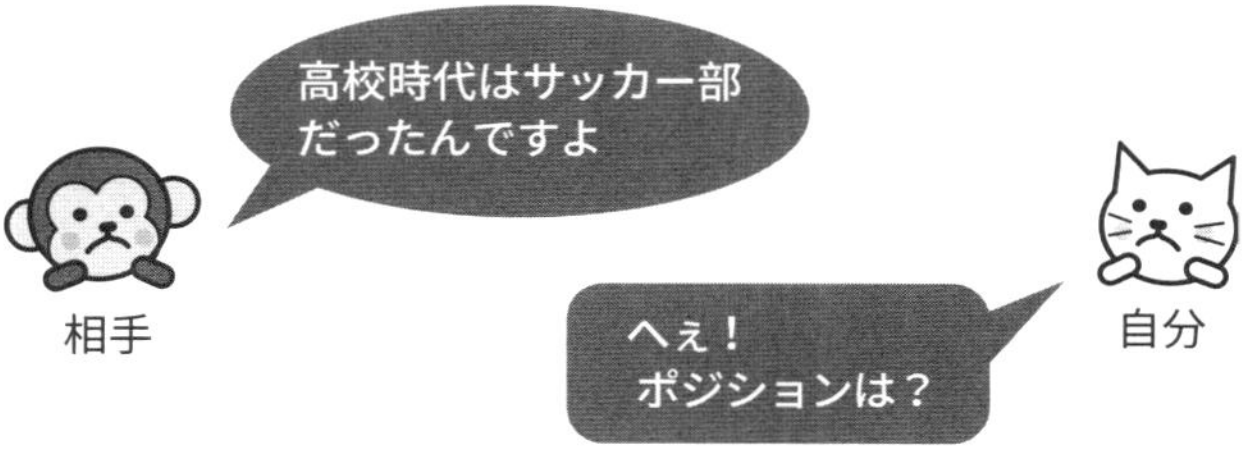
高校時代はサッカー部だったんですよ
相手
自分
へぇ！ポジションは？

情報を聞いても、「フォワードです」「すごいですね」の1往復で終わりがち。

ウンチク話が意外につまらないのは、情報しかないから。

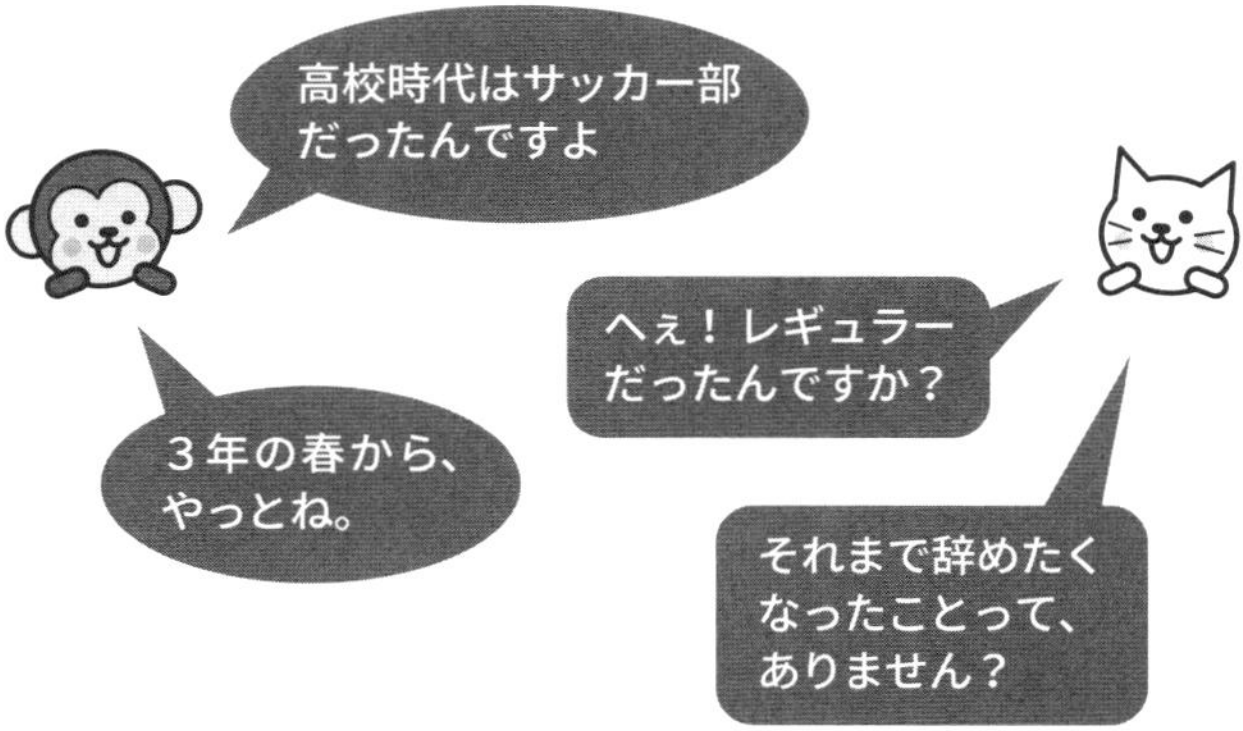
高校時代はサッカー部だったんですよ
へぇ！レギュラーだったんですか？
3年の春から、やっとね。
それまで辞めたくなったことって、ありません？

**「高校時代、サッカー部だった」**

**――いろんな思い出（感情）がつまってるはず。**

**そこを刺激できれば、1往復では終わらない楽しい雑談に！**

ただ、なかなかそういう質問が思いつかないこともあると思います。
コツは、「どうやって？」ではなく、「なぜ？」を聞くことです。

**「なぜ？」の裏には、必ずその人の想いがあります。**

たとえば、ドラマや小説でも、「主人公がなぜそういう行動をとったのか」に人は興味があるんです。刑事ドラマで言う「犯人の動機」ですね。そこがうまく描かれていないと、物語がつまらなくなってしまう。人の心を揺らすのは、いつも「なぜ」なんです。
「なぜ人を殺したのか？」という理由が、胸を締め付けられるような切実なことだと、ものすごく印象に残りますよね。

「いつ」「どこで」「誰が」「どうやって」は、情報。
「なぜ」になると、感情がよりダイレクトに関わってきます。

最初から感情を聞くと相手は答えにくいので、情報から聞いていくことは必要です。でも、ずっと情報だけを聞いていると、話は続きませんし、盛り上がりません。物知りでウンチク好きの人との雑談が楽しいかというと、そうとも限らないのではないでしょうか？ **ウンチク話って、情報ばっかりで感情がないからです。**

ふだんの会話で「情報」ばかり聞いている人は、「なぜ」を聞くことを意識してみてください。

たとえば上司に、

**「さっきの会議、なんでB課長に反論したんですか？」**

と聞いてみる。「アイツにだけは負けたくなかったからな」と、感情を語ってくれるかもしれません。そうしたら、

**「課長のそういうところ、はじめて見ました。でも、もうとっくに勝ってるじゃないですか」**

みたいなツッコミまで加えられれば、愛される部下になること間違いありません。

## コツ2　相手の「ドラマ」を引き出せる質問がある

## 3 ドラマや葛藤がどこにあるかを察する聞き方

**その人の経歴で、「AからBに進んだ」という話があったら、聞くべきは「その間の話」です。**

たとえば、東大を出たあと企業や役所に入らず、フリーライターとして働き始めて今に至っている人がいたとします。他の人たちはほとんど、超エリートとして会社や役所勤めをしているにもかかわらず、別の道をわざわざ選んだということは、そこにドラマなり、葛藤なりがあるんだろうなと想像できます。だから、

**「いい大学を出てるのに、なんでフリーになったの？」**

と聞いてみる。

「AからBの間の話」とは、そういうことです。

ところが、多くの人は、「フリーって大変だよね」みたいな話をしてしまうんです。こ

れでは、ほぼ、「そうですねー。でも、自由ですけどね」で終わっちゃいます。「フリーランス」というイメージにとらわれると、「フリー↓収入が不安定、立場が弱い↓大変」と、ステレオタイプな、〝その人の人生におけるフリー〟とはまったく違うレッテルを貼ってしまいます。

「フリーなの？　出版社とかに入らないの？」みたいな質問も、やっぱり自分の固定観念ありきの質問なので、相手の想いとはズレてしまっています。

「フリー」についての話になったとき、相手が話したいのは「大変かどうか」ではないはずです。「なぜ、東大を出たのにフリーを選んだのか」に、その人の想いや出会い、経験、葛藤があり、話したいことが埋もれているはずです。それを掘り起こしていくような質問をすると、「私にとって大切なところに興味を持ってくれる人だな」と感じるので、相手はどんどん話したくなります。

**的外れな質問をする人は、相手の話が耳に入った瞬間、言葉通り理解する前に、自分の価値観で解釈して、「変換」しちゃっています。だから相手が話したいこととズレてしまう。**

そうではなく、相手の視点に立って、話したがっていることを読み取ろうとしてみると、質問は変わってきます。

インタビューでも、ズレた質問をする人は多いんです。

たとえば、役者さんが、

「養成所に行ってたんですけど、ほとんどそこでは学ぶことがなくて。でも仲間内で芝居をやっている間に、だんだん仕事が来るようになって」

と話したとします。

次のうち、どっちが聞いてほしい質問でしょう？

(A)「仲間には、いま人気の○○さんとかいらっしゃったんですよね？」

(B)「養成所では何も学べなかったんですね。仲間内でやる芝居って、取り組み方が違ってくるんですか？」

残念ながら、Aのほうが、インタビュアーがしがちな質問です。有名どころの名前があると、みんな、有名人のこぼれ話を引き出したがります。

でも、この人が話したいのは、「養成所では学べなかったことが、仲間内での芝居で学べた」ということですよね。話しているうちに思い出して、「仲間内～」という話を出してきたわけです。そこにドラマがあることは、相手目線で聞いていればわかるはずです。

**人間、話したいことの核心は、いきなり自分から言わないことのほうが多いのではないでしょうか。あるいは、自分でも「一番話したいのはココだ」なんてはっきり意識していないことも多いでしょう。**

いずれにしても、「いま人気の○○さん」のことを聞いてしまうのは、自分目線の質問です。だから相手の想いとズレて、話が盛り上がらないのです。

## コツ3 こちらのイメージで「変換」すると、相手の想いとズレる

## 4 過去ではなく「今」から聞いていく

女性を誘ってごはんを食べに行くと、30分くらい経ったところで必ず言われるのが、「私ばっかりしゃべっちゃって……」ということなんです、僕の場合。

そのまま最後まで「私ばっかりしゃべっちゃう人」とは、もうご飯に行くのはやめますが、男女問わず、いい関係を築きたいときには、まずは聞くようにしています。だからでしょうか、それこそ過去をすべて、子どもの頃から今に至るまでをずっと聞かされます。

**私がこういう食事のときに最初に聞くのは、必ず「今」のことです。**

**「今の悩みって何？」**

**「今って、どんな仕事してるの？」**

今の話を聞いてから、

**「なんで、今の仕事を選んだの？」**
**「いつ頃からそう思ってたの？」**
**「今はそんな風に活発にしてるけど、子どもの頃からそうなの？」**

などと遡っていきます。

なぜ「今」のことから聞くかですが、皆さんだって、いきなり「子どもの頃はどんな子だった？」と聞かれても、答えにくいですよね。「うーん……普通だった」で終わります。

でも、今の話をしてから、

**「それって子どもの頃から？」**

と聞くと、「子どもの頃はおとなしくて、クラスにジャイアンみたいな子がいて……」とか、いろんな話が出てくるんです。さらに、

**「でも、こうなったキッカケがあるんじゃない？」**

などと質問を重ねると、「あのとき文化祭で……」と、本人も忘れていたことをどんどん思い出してくれるんです。

人は誰でも、自分の話をしたい生きものです。ただし、いきなり「自分のことを過去か

ら現在まで含めて自由に語ってほしい」と言われても、語れません。だから、まずはいちばん話しやすい「今」の話を聞いて、少しずつ遡っていくと、「私ばっかりしゃべっちゃって」と言われるくらい、話は尽きなくなります。

映画とか旅行の話をするとき、最初に「一番」を聞いちゃう人は多いんですが、これはもったいない聞き方です。相手が旅行好き、映画好きだとしても、**「一番」って答えにくいんですよ。**「一番好きな映画は?」と聞かれても、「うーん、難しいなぁ……」ってなりませんか? ここでも答えやすいのは、やっぱり「今」です。

映画の話なら、**「最近、何観ました?」**
旅行の話なら、**「最近、どこ行きました?」**

こう聞かれたら、記憶も新しいので、答えやすいですよね。質問は「話しやすいところ=今」から始めるのがテッパンです。

次に聞くのも、「一番」よりも、

## ――「一番は？」よりも良い聞き方がある――

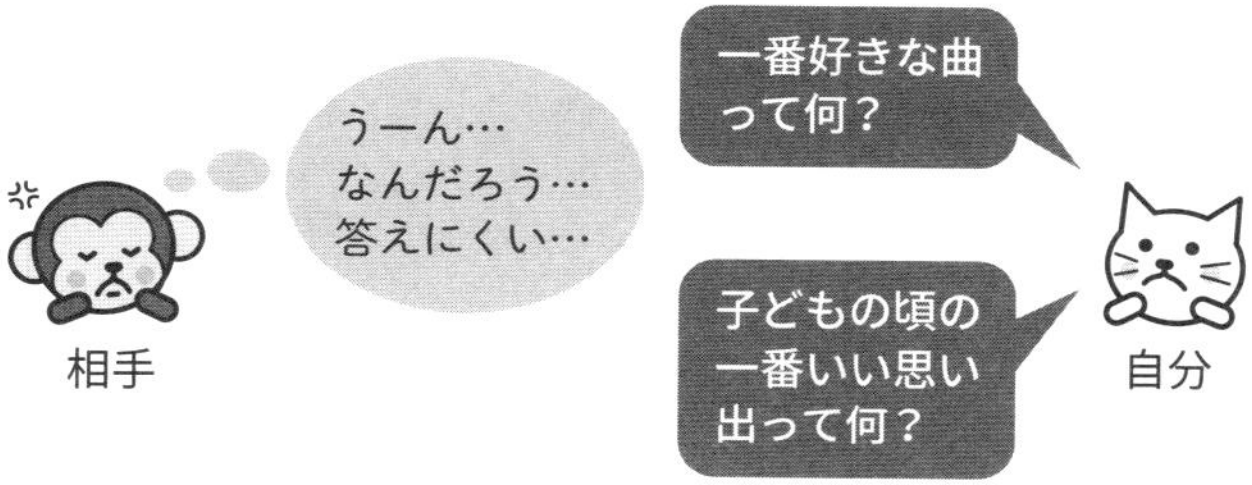
一番好きな曲って何？
うーん…
なんだろう…
答えにくい…
子どもの頃の一番いい思い出って何？
相手
自分

質問が大きすぎると、
頭のなかが整理できないし、
相手が何を聞きたいのかも
わからないので答えにくい。

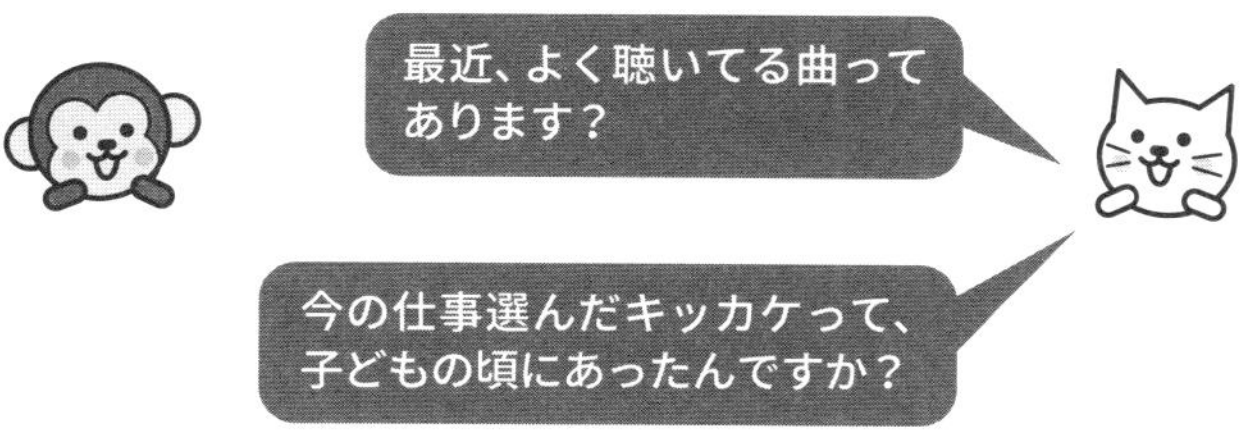
最近、よく聴いてる曲ってあります？
今の仕事選んだキッカケって、子どもの頃にあったんですか？

**長いスパンのナンバーワンやベストをいきなり聞かれても、答えられない。まず「今の話」から聞くと、答えやすくなって話がつながる。**

**「僕、ちょっと今度の3連休にどっか行こうと思ってるんですけど、おすすめありますか？」**

と、おすすめを聞いたほうが広がります。

「どっか行こうと思ってる」の部分は、嘘でもいいんです。雑談の温度をほんの少し上げるための軽い演出だと思って、あまり生真面目にとらえずに、少々の「演出という名の嘘」は使いこなしましょう。

会話上手な人だったら、「どういう気分かにもよるけど……」と、旅の目的とかを聞いてくれるかもしれません。それはそれでラリーが続きますよね。

「私が好きなのは」と、具体的な地名を挙げてくれたら、

**「何が良かったんですか？」**

**「なんでハマッたんですか？」**

と、理由を聞いていきます。

「どこが良かったかな……」

「どこも良かったけど、なかでもおすすめはどこだろう……」

と、ちょっと考えているようだったら、

**「たとえばアジアだったらどこ行きました？」**

と、範囲を狭めてあげると、相手は答えやすくなります。あるいは、

**「じゃあ、二番でいいや」**

と笑いをとるのもアリです。

旅行の話だけでもこんな風に広げようがあるんです。でも、最初に「一番は？」と聞いちゃうと、答えてくれたとしても、その後の会話を狭めてしまいます。

**旅行にかぎらず、「今までのナンバーワンは？」と聞くと、そこで結論が出るので、終止符を打っちゃうことになるんです。「一番」を聞いたら、もう「二番」「三番」を聞く理由がなくなっちゃうじゃないですか。まだまだ〝寄り道〟を楽しめるのに、最短距離で結論にたどり着いちゃうのはもったいないです。**

「タメになる情報」をやりとりすることも大事ですが、それ以上に楽しく続くのが雑談のキモです。ちょっとした言い回しで、続く雑談に変わります。

## コツ4　「ナンバーワンは何？」は、実は答えにくい

## 5 相手が答えやすい「前置き」とは

「一番は?」が答えにくいように、大雑把な質問をされると答えに悩みますよね。

インタビューでも、「映画の見どころは?」なんて聞かれると、「うわっ、雑だなあ」と思います(そういうインタビュアーのほうが多いんですが)。

でも、

**「今回は、サスペンスでありながらコメディでもあり、アクションも豊富で人間ドラマも……と、今まで観たことのないような新しいエンターテインメントに挑戦されたそうですけど、観どころは何でしょうか?」**

と聞かれたら、喜んで話したくなります。

どちらも「映画の観どころ」について聞いているのは同じです。でも、「前置き」があるのとないのとでは、まったく違うんです。

**雑談でも同じで、大きすぎる質問をされると、テキトーな答えしか返せません。でも、**

**何かしらの前置きをしたうえで質問されると、がぜん答えやすくなります。**

では、どんな前置きがいいのでしょう。それは、「なぜ、この質問をするのか？」がわかる前置きです。

たとえば、グルメな知り合いに、おすすめの店を聞くとしたら、

**「最近、熟成肉とか興味あるんですけど、おいしい焼肉屋さん、知ってます？」**とか、

**「○○さんって、よく関西に出張行ってますよね。今度、大阪行くんですけど、おすすめのお店とかってあります？」**とか。

「なぜ聞いているのか」をハッキリさせて質問すると、相手はすごく答えやすいのです。

## コツ5 「なぜこの質問をするのか」を伝えると、いい答えが返ってくる

# 6 相談されたとき、質問するのは1つだけ

雑談とは言えないかもしれませんが、サシで話しているときに相談を受けることがあります。

たとえば、

「病気になって休職した。職場復帰したら、居場所がなくなってた。病気になる前はバリバリ働いてたからつらい。同僚たちも腫れ物に触るように接するし。でも、しょうがないよね」

と相談されたとき、どんな言葉をかけますか？

①「大丈夫だよ。きっとまた元の仕事に戻れるよ」　↑　ポジティブに慰める

②「つらいよね。わかる」　↑　共感する

③「そうか。でも、がんばろうよ」　　　　↑　励ます

この3パターン、どれも相手を思ってのリアクションですが、悩んでいる当人にとってはどれも響きません。むしろ、ムッとされるかもしれません。

まず①は、その会社や職場の状況を知らないのに無責任です。元気づけたいという善意であれ、「知りもしないのに」と反感を買い、信用を失いかねません。

②も、悩んでいる当人にしてみれば、わかりもしないのに気安く「わかる」なんて言われたくありません。「あなたに何がわかるの？」と、反感を買うこともあるでしょう。

かといって③は、軽いというか、何の解決にもなりませんよね。

相談を受けるときには、まずは「聞く」のが大前提ですが、相手が心の整理をできるように質問することも大事です。

**そのときに問いかけるべきは、「本人がどうしたいのか」だけ。**

「(病気になったんだから) しょうがない」というのは、その人が頭で考えた言葉ですね。

本音を抑えつけて、なんとか納得しようとしているわけです。

「本当はどう思っているのかな?」と思いつつ、「自分がそういう立場だったらどうだろう?」と想像してみると、耐えられそうにないので、私ならまずはそのまま、

**「耐えられないよね」**


と言います。でも、「わかる」は言いません。

そして、いちばん大事なことは、

**「本当はどうしたいの? 戻りたいの?」**


と聞いてあげることです。

その瞬間、抑えていた思いが表に出てきます。無理矢理抑えつけていた本心を開放できれば、心が軽くなるんです。

「戻りたいの?」と聞いても、「いや、そんなことないよ」と答える人もいます。それでも、別れたあとに一人になったときに、その問いかけは心に残ります。そして、冷静になったときに、「今置かれている状況をどうしたらいいかを考える」という、次のステップに移ることができるんです。

会社の部下から「辞めたいんですけど」と相談されたときも同じです。「辞めるなよ」という自分の気持ちは、どこかのタイミングで伝えたほうがいいと思いますが、まずは、

**「どうして？」**

と、本人の想いを聞くべきです。本人のなかでも、「なぜ辞めたいのか」、わかっていないことのほうが多いんです。それを、話を聞きながら整理してあげるわけです。たとえそれが甘い考え方だったとしても、「社会はこういうものだ」と理屈を述べたって届きません。

**基本的に、相談に対して解決策を伝えても意味がないと、僕は思っています。**

相談されたときに必要なのは、解決策ではなく、本人が心の整理ができるような問いかけではないでしょうか。

## コツ6　相手が抑えつけている本心に気づき、整理できるような問いかけをする

# 7 自分のエピソードでたとえる

相談を受けたときに、解決策を伝えても響きません。

でも、見方を変えてあげられないかな？　とは考えます。

いちばん簡単な質問は、

**「良いところと悪いところを挙げてみたら？」**

です。

たとえば、旦那さんと離婚しようかと悩んでいる友人から相談を受けたときに、

**「じゃあさ、旦那さんの嫌なところを挙げてみて」**

と言うと、ずらーっと列挙するわけです。離婚を考えているくらいだからどんどん出てくる。そのあと、

**「迷ってるってことは、良いところもあるんでしょ？」**

と聞くと、「そういえば、こういうところは……」。まあ、こういうところは良いとこだ

よね」と、忘れていたようなことを思い出すわけです。

見方を変えるには、自分のエピソードで例えるという方法もあります。たとえば、「高校の同窓会に行ったら、転校してきてクラスになじめてなかった人が来てた。あんまり話したことないと思うんだけど、『当時はありがとう』なんて言われてさ。覚えがないから、どうしようかと思っちゃったよ」

みたいな話を聞いたとします。

「きっとほんとに感謝してるんだと思うよ」とか「覚えてないだけて、フォローしてあげたんじゃない？」という、安易なコメントはNG。本人はそうは思えないから、ちょっと気まずく思っているわけです。

こういうときには、直接的にコメントするのではなく、自分の経験のなかで似たような状況がなかったか、探してみるといいです。この場合は「覚えがないのに感謝された」ですよね。自分にとってそういう人がいないか考えて、

**「いや、その彼のことはわかんないけど、そう言えばオレには人生で二人だけすごい尊敬してる人がいる。小3と高2の担任なんだけど、ちょっとした事件があってね。でも先生**

**はオレが尊敬してるなんて知らないと思うよ。そういうことってあるかもね。なんかしたんだよ、お前が」**

と言うと、「ああ、そうか。そういうこともあるんだな」と腑に落ちるわけです。それまではずっと〝自分から見た転入生〟しか見えていなかったのが、転入生の立場で見られるようになった。「相手（転入生）の立場になって考えてみたら」とストレートに言われても、なかなかイメージできません。具体的なエピソードの形だとイメージできるから、相手目線になれるのだと思います。

さて、もうお察しのことと思いますが、相談されたときに一番やってはいけないのが、相手の話をそこそこ聞いたところで、話をさえぎって「それはね」と、自分の意見を演説してしまうことです。これをやっちゃう人は、ふだんの雑談でも会話泥棒の常習犯と思われている危険性が大です。気をつけましょう。

## コツ7 解決策を伝えるより、見方が変わるヒントを

# 8 その人は、「自慢したいタイプ」か「したくないタイプ」か

会社の社長や部長、あるいは営業先の人など、偉い人や目上の人と話すのは、雑談のなかでも緊張するシーンです。距離を縮めにくい相手には「ほめる」が基本ですが、相手のタイプを見極めたほうがいいと思います。

**僕が意識しているのは、「自慢したいタイプなのか、自慢したくないタイプなのか」です。**

個人的に好きなのは、自慢したくない人のほうですが、雑談に困るのは、実は自慢しない人です。

自慢したいタイプの人には、

「あの作品のあの演技、素晴らしかったですね！」

とか、何かしらほめる材料を集めてほめて、自慢を聞く役に徹します。でも、自慢したくない人には、「あの演技、素晴らしかったですね！」みたいなことを言っても響きません。「ありがとうございます」で終わっちゃいます。

かといって、共通の話題を見つけるのも難しい。そういうときには、その人がやってきたことの中の物語や、関わった人のことを聞くようにしています。

役者さんだったら、

**「はじまりは何だったんですか？」**

**「あの映画、○○さんが監督されてましたけど、どんな演出やられるんですか？」**

大企業の社長さんだったら、

**「ちょっと雑誌で読んだんですけど、あの仕事、有名な○○さんが関わってらしたんですね。どんな方だったんですか？」**

**日ごろ、ほめられ慣れている人のなかには、自分のことを話すよりも、他人のことを話すほうが楽しいという人もいます。**

偉い人と話すときには、どっちのタイプなのか見極めて、対応しましょう。

## コツ8 ほめても響かない相手には、つながりのある人のことを聞く

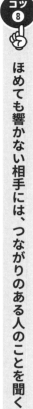

# 9 雑談が嫌いな人もいる

自慢しない人について話しましたが、**自慢どころか、そもそも雑談が好きじゃない人もいます。**

商談の前に「最近、ゴルフは行かれましたか？」と振ってみたもののいまひとつ――こういう人は、たぶん雑談が好きじゃありません。

「さっそく本題にいきましょうか」

と、早めに切り上げたほうがベターです。

無理に雑談を続けようとするより、すんなり本題に入ったほうが、相手にとって心地よいからです。

でも、仕事の話がクロージングに入って、うまくまとまったり、「前向きに検討します」という流れになったときには、いい印象を残すためにチャレンジしてもいいと思います。

本題の話が終わり、「それでは、よろしくお願いします」と言った直後、書類をバッグにしまい始めるタイミングが、チャンスです。

おすすめは、ランチの話題。会社勤めの人なら、必ず、どこかには食べに行きますよね。

**「これから食事しようかと思うんですけど、このあたりでおすすめのところあります？」**

と聞けば、雑談がそんなに好きではない人も、「ああ、すぐそこの××って店、うまいよ」などと教えてくれるはずです。

教えてもらったら、ちゃんと行って、次回の訪問のときに、

**「あのあと、教えていただいた××、行ってみたんですけど、フロアの人がすごいイケメンですね」**

なんて、ネタに使うわけです。

**雑談が好きじゃなさそうだなと思ったら、まずは仕事の話を進めて、終わってからもうワンチャンス。**

ぜひトライしてみてください。

## コツ9 おすすめの店を聞いたら、行って次回に生かす

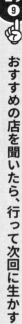

# 4章

# この〝返し方〟で雑談はハネる！

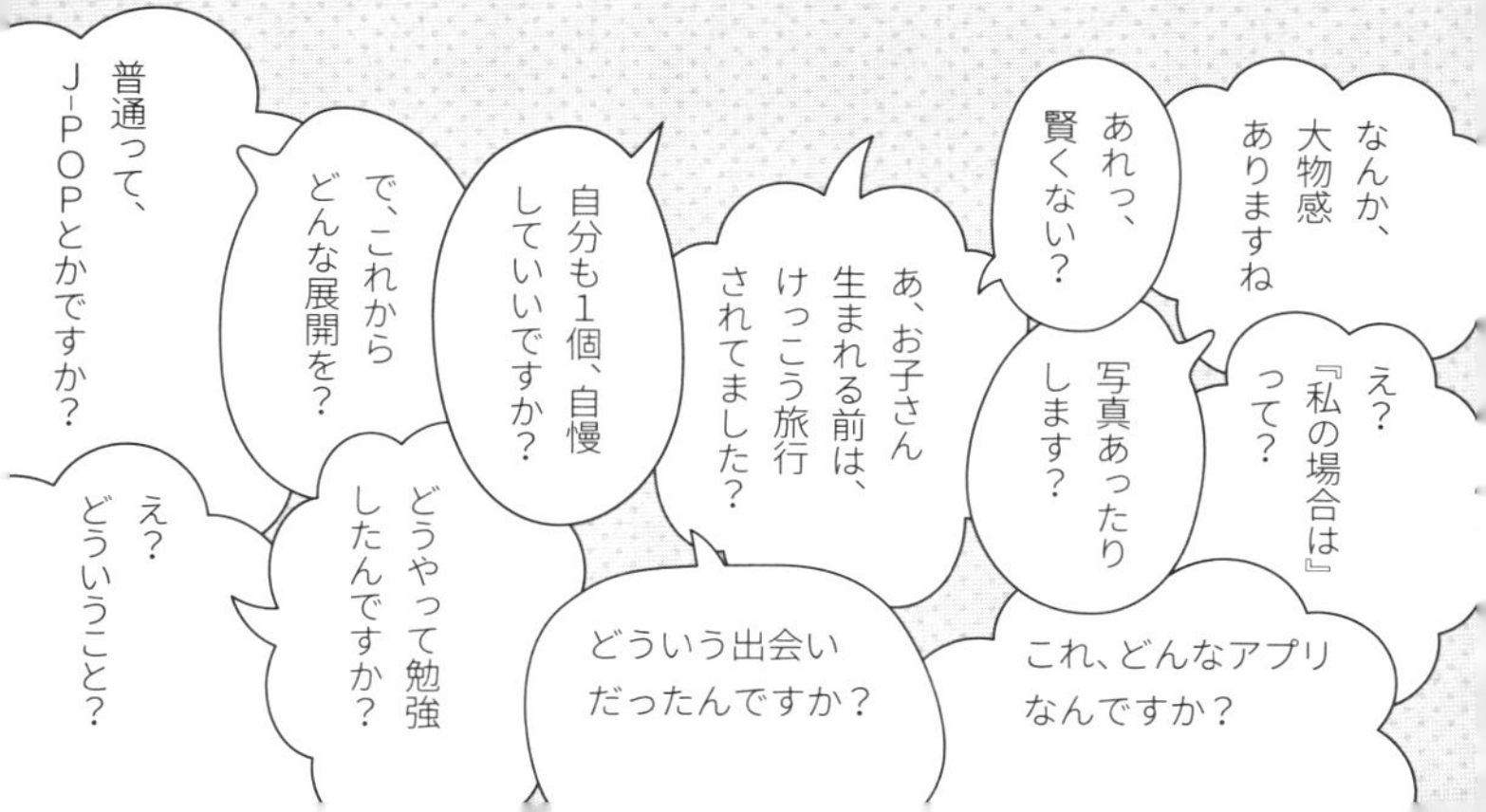

なんか、大物感ありますね
あれっ、賢くない？
え？『私の場合は』って？
写真あったりします？
あ、お子さん生まれる前は、けっこう旅行されてました？
自分も1個、自慢していいですか？
で、これからどんな展開を？
普通って、J-POPとかですか？
どうやって勉強したんですか？
え？どういうこと？
これ、どんなアプリなんですか？
どういう出会いだったんですか？

# 1 髪、切りすぎちゃって と言われた。どう返す？

相手の言葉が「拾いにくい」、「拾えそうなところが見当たらない」とき、困りますよね。無理に突っ込んで聞いても息苦しくなりそうだけど、沈黙も気まずい……。

この章では、一見すると拾いにくい言葉にどう対応するか、考えてみましょう。

「あれっ。髪切った？」

「……切りすぎちゃって」

こういう会話、月曜日のオフィスでよくありますね。週明け早々、女心の微妙なアヤへの対応力を試される局面です。どうしますか？

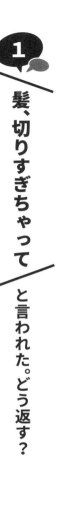

いまさら言うまでもないので気が引けますが、「切りすぎちゃった」と気にしている女性に、「ああ、ちょっとね」、「そうかも」、「たしかに」などと、デリカシーのない返しをするチャレンジャーがたまにいるんです。「最近ちょっと太っちゃって」と言う女性に、「……だよね」と頷《うなず》いてしまう男性とか。恐ろしいことです（この本の読者にはいないと思いますが）。

**相手が気にしていることは絶対に否定する。基本です。「たしかに」と思っても、ですよ。**

ここは何をおいても、肯定しましょう。

**「え、似合うよ」**

**「いや、なんで？　いい感じなんですけど」**

そして、

**「で、なんで短くしたの？」**

と聞けば、「なんとなく、気分で」、「誰々に憧れて」などと返ってきます。

もう一歩突っ込むなら、

**「あ、失恋じゃないんだ？」**

**「最近どうなの？　恋愛事情は？」**

と、「髪を切る＝失恋」という定番イメージから恋愛話に持っていくのもひとつです（セクハラになる環境ではNGですよ）。で、「一通り話したな、そろそろ」と思ったら、

**「ほんと、よく似合うよ」**

とひと押しして、すーっと自分のパソコンに向かう。立ち話だったら「じゃーね」と歩き出す。いい感じに会話が終わります。

# 2 これ、うちの孫と写真を見せられた。どう返す？

**意外かもしれませんが、実は盛り上がらない2大ネタが、「新居」と「赤ちゃん」です。**

どちらも一見、雑談向きなネタに見えますすよね？　新居も赤ちゃんも、人生の一大イベントで、話す気満々ですから。

でも、個人的すぎるというか、話し手と聞き手の情報量と温度に差がありすぎて、聞く側が想像しにくく、イメージや感情を共有できないのです。皆さんも苦労されたことがあるのではないでしょうか。

新居は、聞き手が実際に行ったことがないと、話を膨らませにくいです。「新居、どうです？」と聞けば、「快適です」と返ってくるものの、面白いエピソードとか、変わった体験、発見を話してくれない限り、そう盛り上がりません。

そこで僕がよく使う手が、

**「写真、あったりします？」**

スマホに画像があれば、なんとなくつなげるし、ひとつかふたつはツッコミどころのある写真、若干触れてはいけなさそうな写真が入っているものです。

でも、見ている間は触れません。一通り見て、感想も伝えて一段落したあとで、

**「ところで、あのイケメンは……？」**

と、はじめて触れるわけです。そうすると、新しい会話が始まります。

「赤ちゃん」のほうは、こちらから聞かなくても、「もう手がかかって」、「これ、うちの孫」と、どんどん写真を見せてくれますよね。これ、コメントに困る最右翼じゃありませんか？

「かわいい」は言われ慣れているはずなので、「髪の毛、ふっさふさじゃない？」とか「目、キラキラしてるね」とか、「ここが△△さんに似てるね」とか、なんとかコメントするようにしていますが、パッと思いつかないときに重宝しているのが、

**「なんか、大物感ありますね」**

これ、すごく喜ばれます（ついでに、相手が満足して赤ちゃん自慢が早めに終わります）。

## コツ2 盛り上がらないネタへの返しをふだんから持っておく

# 3 ……ですね、私の場合は／と言われた。どう返す？

人は人に関心を持ってもらいたいものです。これは雑談だけじゃなく、すべての人間関係の大前提です。その表現が「見て見て！」というタイプの人もいれば、「いや、僕はいいから」という人もいます。いずれにしても「私はあなたに関心を持ってますよ」ということを伝えるのが、雑談の基本です。

**とはいっても、「関心があります」と言うと警戒されます。だから、相手の話を聞くとか、「あの、」と話しかけるとか、質問することが大事なわけです。同じように、相手の話をよく聞いて、ちょっと引っかかる言葉を聞き漏らさずに拾うことも大切です。**

あなたが、新入社員として配属された部下と、二人で雑談をしているとしましょう。お互いに、相手の出身大学は知りません。大学受験の話になったときに、

「受けたのは国立だけですね、私の場合は」

と言われたら、どう返しますか？


「え、なんで私立受けなかったの？」

「文系なのに数学やったんだ、すごいね」

と返す人が多いかもしれません。それも、雑談になります。

ここで僕だったら、

**「え？『私の場合は』って？」**

と聞きます。

一見（一聴）すると「国立だけ」が目だちますが、おまけのように出てきた「私の場合は」が、気になります。本題と関係なさそうなのに、なぜわざわざ言ったんだろう？「周りとは違う道を進んだ」とか、なにか「想い」が隠れていそうです。

本人も、伝えたいと意識していたのは「国立だけ」だったはずですが、**わざわざ「私の場合は」が出てきたということは、それを誇りに思っているか、不満や疎外感、やるせな**

## ――拾いにくく見えても、フックはある！――

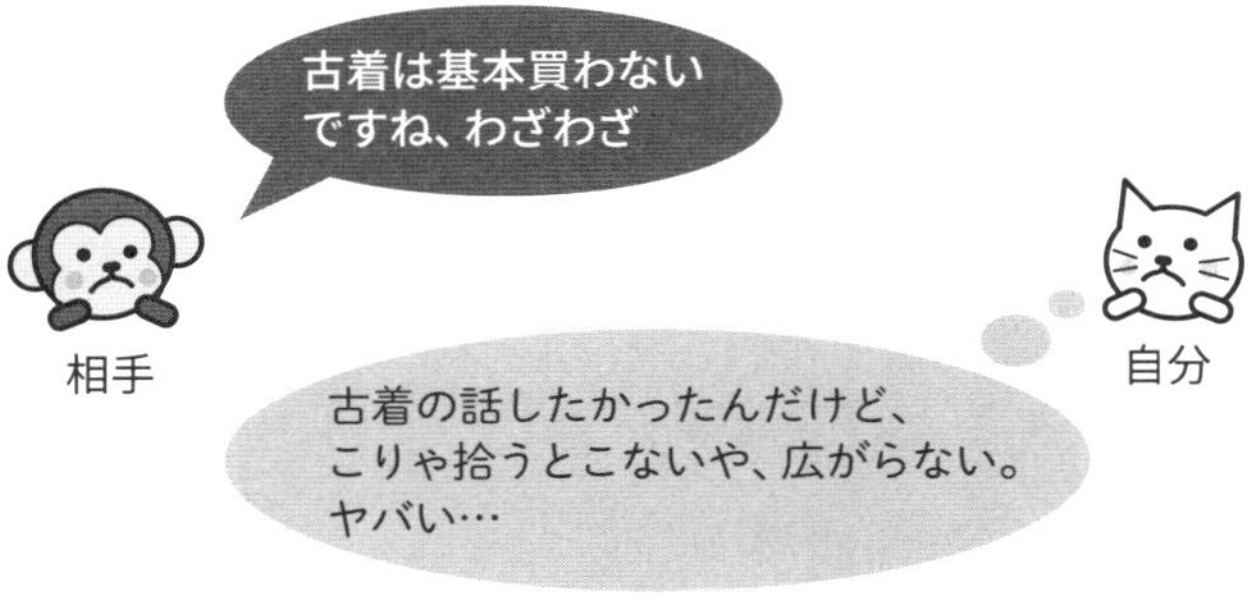
古着は基本買わないですね、わざわざ
相手
自分
古着の話したかったんだけど、こりゃ拾うとこないや、広がらない。ヤバい…

「拾える情報なし」と早合点せずに、相手の言葉を、
自分の〝雑談センサー〟にかけてみよう。
「買わない」でいいのに、
なぜ、「わざわざ」なんて言ったのか？
「？」と思うコトバがあったら、そのまま聞いてみよう

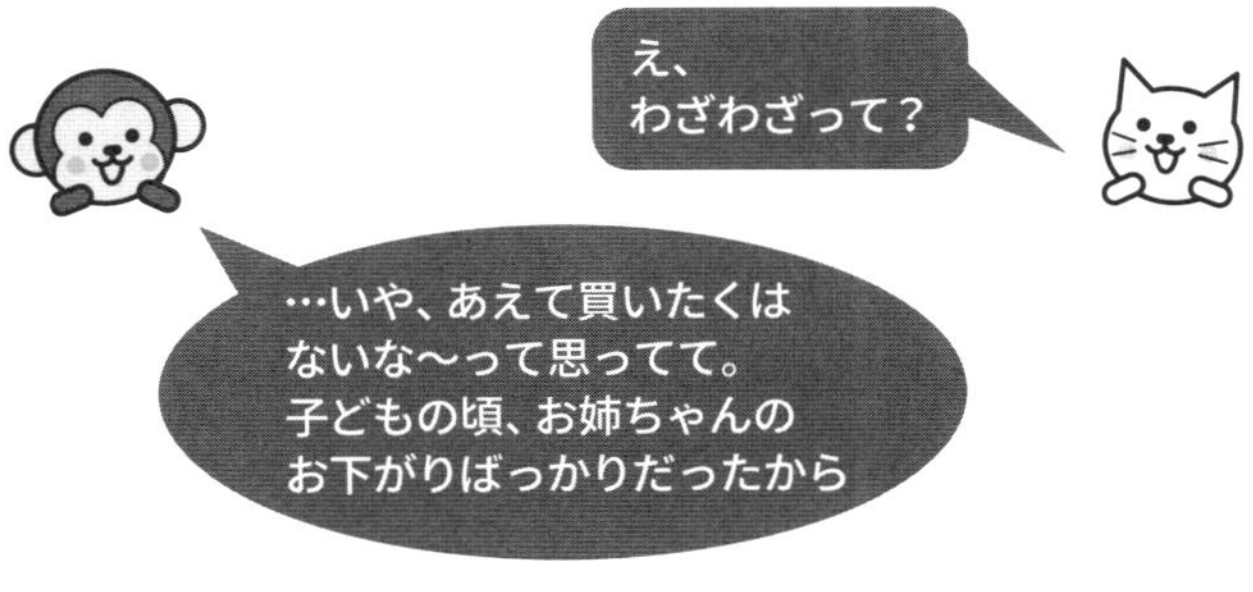
え、わざわざって？
…いや、あえて買いたくはないな～って思ってて。子どもの頃、お姉ちゃんのお下がりばっかりだったから

**なにげなく出てきた言葉を拾えると、相手の「想い」にアクセスできて距離が縮まる**

**い思いをずっと抱えて生きてきて、あまり人に話したことがないんじゃないかなと思えるわけです。姉が二人とも私立で、親から「経済的に苦しいから、お前は私立は受けるな」と言われて育ったとか。**

そこを拾って聞くと、相手にとっては、自分の少し深い部分を聞いてもらえたと感じるので、ちょっと距離が近づきます。

このケースなら、「私の場合」に、僕の〝雑談センサー〟は反応するわけですが、べつに難しいことや変わったことをしているわけではありません。ふとしたところに、本音や長年抱えている思いが隠れていることはよくあります。そこで反応できるセンサーを、ちょっと意識するだけでもずいぶん変わってくると思います。

## コツ3 「本音が隠されていそうな、さりげない言葉」に反応するセンサーを！

# 4 いちおう東大、末席ですけど／と言われた。どう返す？

話をしていて「この人、もしかして東大？」と思ったので聞いてみたら、「いちおう。末席ですけど」と認めた。

さてみなさん、どう返しますか？

「すごいですね！」
「やっぱり！　頭いいと思いました」
「すごいなぁ！　末席だなんてご謙遜を」

というのがスタンダードでしょうか。謙遜しているようでも、相手はわが国の最高学府出身という並々ならぬプライドを持っているはず。大人の雑談力がシビアに問われる局面です。

つい「末席」という言葉に反応しがちですが、それはリスキーです。

**「末席でもすごいな。東大って」では、会話は終わります。**

ましてや、「末席」を真に受けて、「じゃ、文学部ですか？」なんて返したら、もはやデッドボールです。本当に文学部だったら「バカにしてんのか？　文学部を」と恨まれるし、「法学部に行きたかったけど落ちた。父も弟も法学部だから家では肩身が狭い」なんて地雷を踏むリスクもあります。

ではどうすればいいのか。

雑談のなかで、「本郷のあたりは一時期よく行った」とか「霞ケ関には知り合いが多い」なんて口にしたとか、「あの人、一度飲んだことあるんですよ」と東大卒の人の話をするとか、東大卒を匂わせているからこそ、こちらは「もしかして？」と思ったわけです。

**匂わせているということは、「東大」に誇りを持っている。ただ、自分からは言いたくない。**だから、

**「あれ？　もしかして東大ですか？」**

と聞いてあげるのは良い、相手に言わせれば「よくぞ聞いてくれた！」と言いたくなるドストライクのツッコミです。

すみません、話がそれました。さてどうするかでしたね。

正解は、「東大を出た」という結果ではなく、自他ともに認める日本の最高学府という頂点に至るまでのプロセス、つまり〝栄光のロード〟を聞くことです。


**「やっぱり。なんか違うと思いましたよ」**

とほめたうえで、

**「じゃあ、高校でも頭良かったんですか？」**

**「中学でも？」**

と、栄光のロードの出発点から振り返ってもらう。

さらに、

**「中学はやっぱり私立ですか？」**

と聞いて、公立だったら、

**「マジですか？　地頭が違うんですね」**

と重ね、

「高校も公立」とわかったら、

**「え？　中高公立から東大って大変じゃないですか？」**

私立だったら、

**「やっぱそういうことですよね。周りもみんな東大だったりするんですか？」**

さらに会話を続けようと思ったら、

**「どうやって勉強したんですか？」**

などと、別の角度からプロセスを聞いていきます。

東大卒だけではなく、「一部上場企業に勤めている」とか「野球部出身で、甲子園まであと一歩だった」とか「一度テレビに出たことがある」とか「有名人と知り合い」とか、相手が自慢したそうなサインを出してきたら、そこに至るまでの栄光のロードを聞くのがテッパンです。

**「話したいこと」**がわかったら、**話させてあげればいいんです、雑談なんだから。それを「すごいですね！」の一言で終わらせてはもったいない。**

「東大に入った人」というテーマから連想すると、「頭がいい」「相当勉強しただろう」と

浮かびますよね。だったら、

**「やっぱり相当勉強されたんですか？」**

くらいは投げかけてみる。そうすると、雑談もつながります。

いい会社に入った人だったら、**「就職試験ってどんなことやるんですか？」**

テレビに出たという人には、**「え、どんなきっかけで？」**

「○○さんと知り合い」と言われたら、**「どういう出会いだったんですか？」**

相手は「これを話したい」というサインを出しているものです。少し慣れればそのサインに気づけるようになります。

雑談を続けたいと思ったら、自分がしゃべるよりも質問をして相手にしゃべってもらったほうがずっと楽。サインは逃さず拾い上げましょう。

## コツ4　自慢してもらう場面では〝栄光のロード〟を聞く

# 5 子どもがいるから、最近は近場の温泉くらいですけどね
## と言われた。どう返す？

「旅行はお好きですか？」と聞いたら、

「子どもがいるから、最近は近場の温泉くらいですけどね」と言われた。どうしますか？

「うーん、あまり拾えなさそう。掘り下げてもなぁ」という感じではないでしょうか。

相手の言葉を拾って会話を続けようと思うと、「近場の温泉と言えば……箱根？　伊豆？」と連想するかもしれませんが、そこを掘っても、「箱根とかですか？」、「そうですね」「いいですよね」といった、空疎な会話が続くだけ。**共通の宿に泊まっていたり、共通の体験がない限り、話はあまり深まりません。旅行の話って、意外にリスキーなんです。**

もう一回、相手の言葉を読んでみてください。

「子どもがいるから、最近は近場の温泉くらい」

――この人はきっと旅行が好きですね。「子どもが生まれる前はいろいろ行った」、「今

だって、行きたいところがある」という想いが見え隠れしています。だから、

**「あ、お子さん生まれる前は、けっこう旅行されてました？」**

**「これまで、どんなとこ行きました？」**

などと、これまでに行った旅行の話を聞くほうが盛り上がります。

他にも、

「何かスポーツ、されます？」

「たまにテニスを。今はもう遊びでですけどね」

といった会話でも同じです。もうお祭しですよね、「今は遊び」とわざわざ言うってことは、昔はけっこう本気でガッツリやっていたということ。そこを聞いてほしいはずです。

相手の言葉を聞いて、瞬時に「拾えるポイント」、「話したいポイント」を感じ取るのは、最初は難しいかもしれません。でも、**「最近は」「今は」「私の場合は」**といった**「わざわざ限定する言葉」**が出てきたら、ひとつのサインの可能性が高いです。

**コツ5**

**「限定ワード」の奥に「話したいこと」がある！**

6

## 課長、きょう機嫌悪いみたいだね と言われた。どう返す？

トイレで同僚に会ったら、
「課長、きょう機嫌悪いみたいだな」
と言われた。どうしますか？

ふつうに答えたら、
「〇〇の件でイライラしてんじゃない？」みたいな返しになりますよね。

唐突に、「課長、機嫌悪いみたいだね」と言われたら、僕は、相手は「課長が機嫌悪い」を話したがっているわけではなく、「その先に何かがあるだろうな」と考えます。

**もっと気になることがあるから、「課長が機嫌悪そうだ」ということが気になるわけです。**

大事なのは「課長の機嫌が悪いか否か」ではなく、「どうして（同僚は）課長の機嫌が

気になるのか」なので、

**「何かあったの？」**

**「何か気になること、ある？」**

と、促します。**でも、人はすぐには本音をしゃべりません。**

「いや、別にないんだけど、ちょっとさ」なんてはぐらかされたら、

**「気づかなかったけど、機嫌が悪そうだと思うってことは、何かあるんじゃない？」**

と、もう一回だけ促します。


友達同士でもありませんか？

「Aさん、最近私に冷たいと思わない？」と唐突に言われて、よくよく話を聞いてみたら、不用意な一言で怒らせちゃったんじゃないかと気をもんでいた、とか。ここでも大事なのは〝その先〟で、「なぜ気をもんでいるのか」を聞くのが正解です。

**唐突に感じる質問は、内容より、「なぜその質問をするのか」が大事なことが多いです。**

**コツ6　唐突な質問は、その奥に「気になっていること」があるサイン**

# 7 私、頭悪いんで　と言われた。どう返す？

「私、頭悪いんで」
「私、うまい切り返しとか無理なんで」
「もう若くないんで」

こう言われると、「いやいや、そんなことないですよ」くらいのリアクションになってしまいますよね。そのあと引っ張っても不自然ですし。雑談で必ずと言っていいほど、遭遇する場面です。

会話のなかで、こういう断りをちょくちょく入れる人は、本当のところは、そうは思っていません。逆に、そこそこ自信のある人だと思います（なかには、本当に自信なくて言っている人もいますが）。少なくとも、全然重要視していなければ、こういう断りをわざわざ口にしないものです。

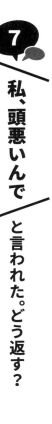

大切なことは、わざわざ言うということは、その人にとって「頭の良さ」、「切り返しのうまさ」、「若さ」のプライオリティが高いということです。

つまり、**「頭悪いんで」とよく言う人は、頭の良し悪しを重視しているということです。**コンプレックスかもしれないし、実は頭が良いと思っている自信の表れかもしれない。相手を評価するメインの基準にしているかもしれない。

ふだんから「私、頭悪いんで」と言っている人をほめるときには、

**「あれっ、賢くない？」**
**「そうくるか！　回転速いね」**

と、「頭いいね」ということを、ちょっと角度を変えて言うと喜ばれるかもしれません。

**コツ7**
**「私、～～なんで」と断りを入れるのは、そこを重視しているから**

## 8 「寝ちゃいます」と言われた。どう返す？

「疲れてリラックスしたいとき、どんな音楽聴きます？」と聞いたら、「寝ちゃいます」と一言で終了……どうしますか？

「『寝ちゃいます』って、ずいぶん愛想ないというかぶっきらぼうというか、もうちょっと答え方ってものがあるだろう、話が終わっちゃうじゃないか」というモヤモヤ感はわかります。しかしここは、「どんな言葉にも切り返せる雑談の達人をめざす」という大目的に免じて、飲み込みましょう。

**会話のキャッチボールを始めようとボールを投げたのに、返ってこない――こういうときは、自分がした質問はいったんスパッと捨ててしまいましょう。こだわらずに相手の言葉に寄せたほうがいいです。**

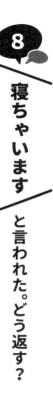

捨ててどうするのか、ですね。

**「寝ちゃいます」ということは、眠れちゃう、つまり寝つきがいいということですよね。**

世の中、眠れなくて困っている人のほうが多いくらいなので、これは一つのトピックになりそうです。睡眠の話を聞いてみましょう。

相手「寝ちゃいます」

自分**「よく寝れるほうですか？」**

相手「そうですね」

自分**「僕、眠りが浅いんですけど、なんか工夫してることってあります？」**

雑談なので、本当は眠りに困っていなくても、困っている態で聞いちゃっていいと思います。ここで思い出してほしいのは、3章でお伝えした「質問には前置きを」です。ただ「コツって？」より、「眠りが浅いんですけど」と前置きしたほうが、聞かれた側は話しやすいし、話すテンションもちょっと上がります。

ただ、それでも「普通です」で終わっちゃうこと、ありますよね。

自分**「コツってあります？」**
相手「いや、普通ですよ」
自分**「枕とか布団って、なにか特別なものを？」**
相手「いや、普通……だけどな」

「寝ちゃいます」に寄せたのに、まったく広がらない。
僕だったら潔く再度方向転換して、もともと話したかった話題に戻します。

**「そうですか、僕、寝れないと音楽聴くんですけど、どんなの聴きます？」**

さっきみたいな会話になりがちな人って、どんな質問に対しても「いや、普通です」と短く返しがちなので、話が広がるような具体的な返答はあまり期待できません。
**そういうときには、こちら側から具体例の提案をしてあげましょう。**

自分**「――どんなの聴きます？」**
相手「うーん、普通ですけど」
自分**「普通って、Ｊ－ＰＯＰとかですか？」**

「Ｊ－ＰＯＰ」という具体例があると、「イエス」か「ノー」かは引き出せますよね。「ノー」であっても、「いえ、もっぱら昔のヒット曲です」とか、具体的に言わざるをえないので、急に話が具体的になってきます。

ここまできたら、もう大丈夫です。「昔のヒット曲」について、掘り下げていけばいいのです。

「普通です」と返されると、多くの人は「ヤバい、気まずい沈黙になりそうだ」と〝脳内アラーム〟が鳴って、焦って何か話題を捜しますよね。

しかし、「普通です」と言われても、ひるむ必要はありません。

**相手の言う「普通」と、自分の「普通」は違います。そこを浮き彫りにできると話が広がります。**

そのためには、相手の言ってる「普通」ってどういうことかを探りたいですね。何か具体例を出してあげるといいんです。

というのは、**急に聞かれてもいい答えが思いつかないから、とりあえず「普通です」と言ってるケースが多いんですよね。**

だから、

**「J-POPとか？」**
**「クラシックとか？」**

と、具体的なジャンルを出して聞いていくと、「そうじゃなくって、こっち」と、具体的に答えやすくなります。

## ――「普通です」と言われても折れなくてOK!――

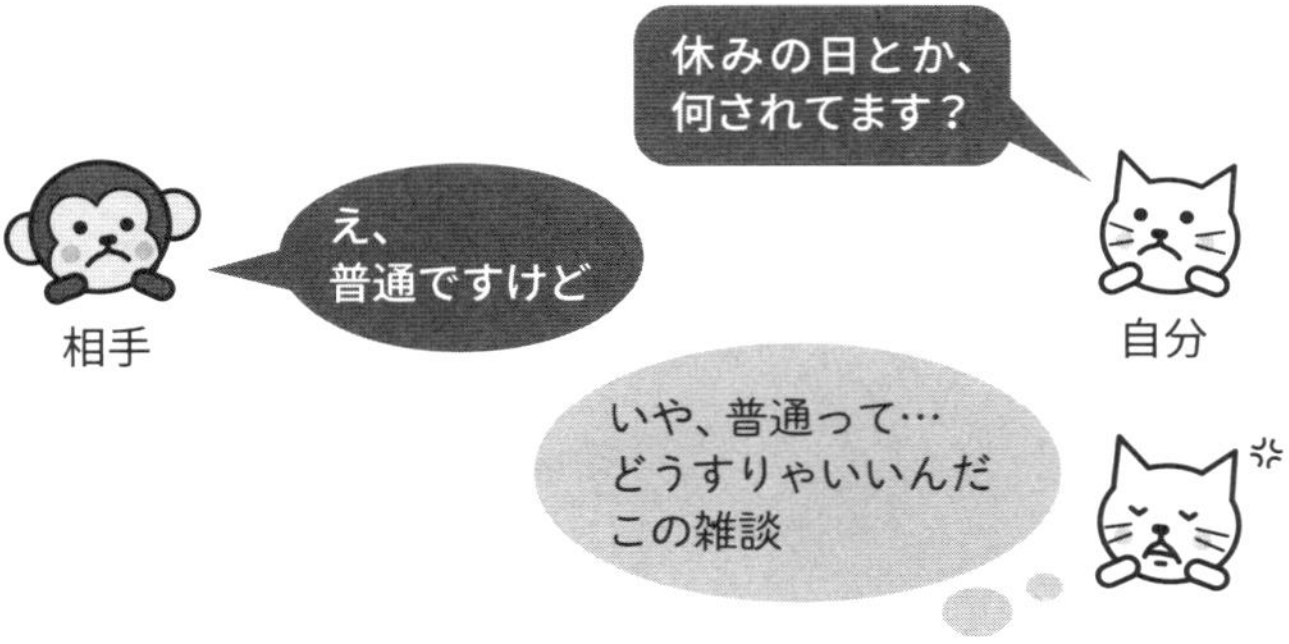
休みの日とか、
何されてます?
え、
普通ですけど
相手
自分
いや、普通って…
どうすりゃいいんだ
この雑談

大丈夫、
もう一歩掘り下げに行きましょう

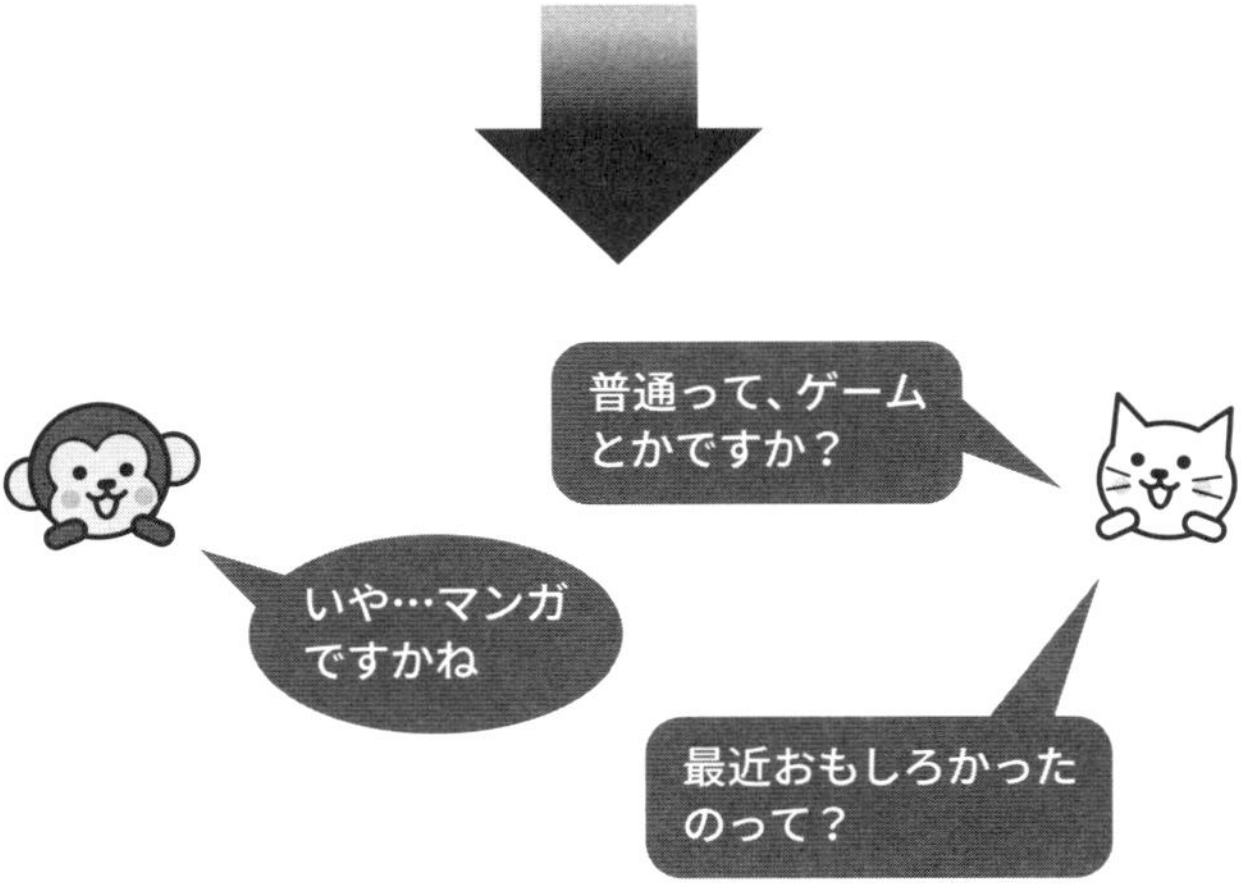
普通って、ゲーム
とかですか?
いや…マンガ
ですかね
最近おもしろかった
のって?

**相手の「普通」が、自分や世間の「普通」と同じとはかぎらない。**
**答えにくくて「普通」と言ってるだけという人も多い。**
**具体的なコトバが出てきたら、もう大丈夫!**

# 9 「その iPhone、7?」と聞いたら「6です」と言われた。どう返す?

スマホまわりのことは雑談にいいかと思って、
「あ、そのiPhone、7ですか?」
と聞いたら、「6です」。あれ、7ならいろいろ聞きたかったのに、雑談終了? あなたならどう返しますか?

期待していたのと違う答えが短く返ってくると、折れそうになりますよね。

でも、**質問したということは、何かしら意図があったわけですよね。それを共有しましょう。**

買い換えのことが頭にあって、「7ですか?」と聞いたのだとしたら、

**「買い換えないんですか? 僕は買い換えようと思ってるんですけど」**

とそのまま聞くとか、
困っていることを、
**「電池の減り、早くないですか？」**
と共有するとか。

**そもそもスマホの話題って、続けようと思ったらいくらでも続けられます。「困ったときのスマホ」って覚えておいてもいいくらいです。**

機種変更やバッテリーのことは、誰しも何かしら話したいこと、聞きたいことがありますし、

**「アプリ、何入れてます？」**

も広がります。

もし「普通ですよ」って返されても、相手は普通だと思っていても、こちらが珍しいと思えば普通じゃなくなるわけだから、

**「あ、たとえば、ゲームとかします？」**

**「動画とかって、何で見てます？」**

とか、枠を設けて聞き直してみます。

大丈夫そうだったら、

**「そうですか、ちょっと見せてもらっていいですか」**

と、スマホを見せてもらうのも一つの手です。

そして、知らないアプリについて、

**「これ、どんなアプリなんですか？」**

**「どうやって使うんですか？」**

と聞いて、実際にアプリを起動してもらうと、もうエンドレスに長くなっていきます。

仕事関係の人だったら、名刺管理アプリとか、聞きやすいですよね。自分の名刺を差し出して、

**「どうやって登録するんですか？」**

と聞いて、実際にやってもらうのもいいでしょう。


スマホと言えば、ケースの話もありますよね。手帳型が好きな人もいれば、シリコンなどのソフトなケースに入れている人もいます。デザインもいろいろです。

ケースに入れない派の人もいますが、実はそういう人が一番こだわりを持っています。「スティーブ・ジョブズがつくった美を損ないたくない」、「せっかく軽量化・薄型化されているのに、余計なカバーをつけたくない」。

**ケースは、パッと見てわかるので、雑談の入り口としても使いやすいです。**

**「あれ？　ケース変えました？」**

**「それ、スマホのケースですよね、珍しいですね」**

そのほか、保護フィルムの話もあります。僕も、汚れやキズから守るために画面にフィルムを貼っていますが、貼るときって、気泡が入ったり微妙にズレたりして、地味に大変なんですよね。

フィルムを貼っている人だったら、そういう地味な大変さを共有できるので、

**「フィルム貼るの、意外に大変ですよね。僕、2枚くらい無駄にしました」**

**「フィルム貼ったら間違えちゃって、ここが白いの買わなきゃいけないのに、黒を買っちゃって、ニューデザインみたいになっちゃいました」**

みたいな話もできます。

スマホの話題って、広げられるんです。

「iPhone7ですか?」という機種の話で始めたら、つい「機種のことを聞かなきゃ」と思っちゃいがちなんですが、雑談なんだから、どんどん広げていいんです。いったん、アプリやケースに目を向けられたら、急に「あれも、これも」と、ネタが出てきます。

連想ゲームのように、
スマホ→アプリ、
アプリ→名刺……
と、数珠つなぎに流れていくのが雑談です。
**スマホの話に限らず、少しずらしてみる、連想してつなげるというのも、コツのひとつです。**

# 10 暑いですねー という挨拶に、どう返す？

夏は「暑いですねー」、冬は「寒いですねー」。

会話のきっかけとして、よくある入り方です。当り障りないので、そんなに親しくない間柄でも切り出しやすいとは思います。でも、**天気の話題って、当り障りがなさすぎて、そのあとつなげにくくないですか？**

「暑いですねー」で切り出すときって、それ以外に話すことが見つからなくて苦し紛れに言っていることが多いと思います。それに対して、「ほんと、暑いですよね」と、オウム返ししちゃったら、広げようがなく、シーンと気づまりになるかもしれません。

**天気の話題に限らず、当り障りのない問いかけには、具体的な答えで返すのがコツです。**

**「熱中症で、昨日だけでも500人搬送されたらしいですよ」**

**「北海道でも35度超えてるみたいですね」**

**「夜中起きちゃうんで、クーラーつけっぱなしですよ」**

「暑い」を、こういう風に具体的なことに置き換えてあげれば、「そういえば北海道って
クーラーないらしいよ」とか、「夜、何かけて寝てます？」とか、話が転がっていきます。

同じようなことでは、デートで映画を観たあと、「面白かったね」と彼女に言われて、「面
白かったねー」とオウム返しで終わっている男性を見かけると、部外者ではありますが、
イラッとしちゃいます。

2時間も同じものを観たんだから、少なくとも、

**「どこが一番よかった？　俺はあのシーンが好きだった」**

くらいは、具体的に返したいですね。

## コツ⑩ ふわっとした問いかけには「具体」で返す

# 11 俺のプレゼン、どうだった？ と聞かれた。どう返す？

できるだけ具体的に返すということは、いろいろな場面に共通して言えることです。

たとえば、会社の先輩に、

「さっきの俺のプレゼン、どうだった？」

と聞かれたとき。気を遣いますよね。まず「ほめなきゃ」と思うので、「良かったですよ」、「すごくわかりやすかったです」などと、答えるのではないでしょうか。

ちゃんとほめているからOKかと思いきや、これだけでは相手は満足しません。

**自信がないから聞いているので、ふわっとした答えではまだ自信が持てない、不安がぬぐえないのです。**

感想を聞かれたら、プレゼンのなかでも特に印象に残っている部分を取り出して、

**「あの部分のあのメッセージ、すごくよく伝わりました」**

と、具体的に伝えると、相手は満足します。さらに、ひとつではなく、印象に残ったと

ころ、良かったところを複数あげられれば、なおさら喜ばれます。

困るのは、良くなかったときです。

本当はピンとこなかったのに、「良かったです」と伝えるのは、嘘をついているようで良心が痛む。かといって、正直に「いまいち……」とは言えませんよね。

おすすめは、

●ピンポイントに絞ってほめる

↓例 **「あの部分のあの図、すごくわかりやすかったです」**

●他の人のリアクションに頼る

↓例 **「みんな、よく聞いてましたよ。隣の人もすごいメモ取ってました」**

**「いまいちだな」と思ってるのに無理して「良かったです」と言っても、バレます。こういうときは、自分の感情には触れなければいいんです。**

僕も、芝居とかに招待されて観に行く機会がちょくちょくあり、そういうときには楽屋

## ほめにくいときは、自分の感情に触れない

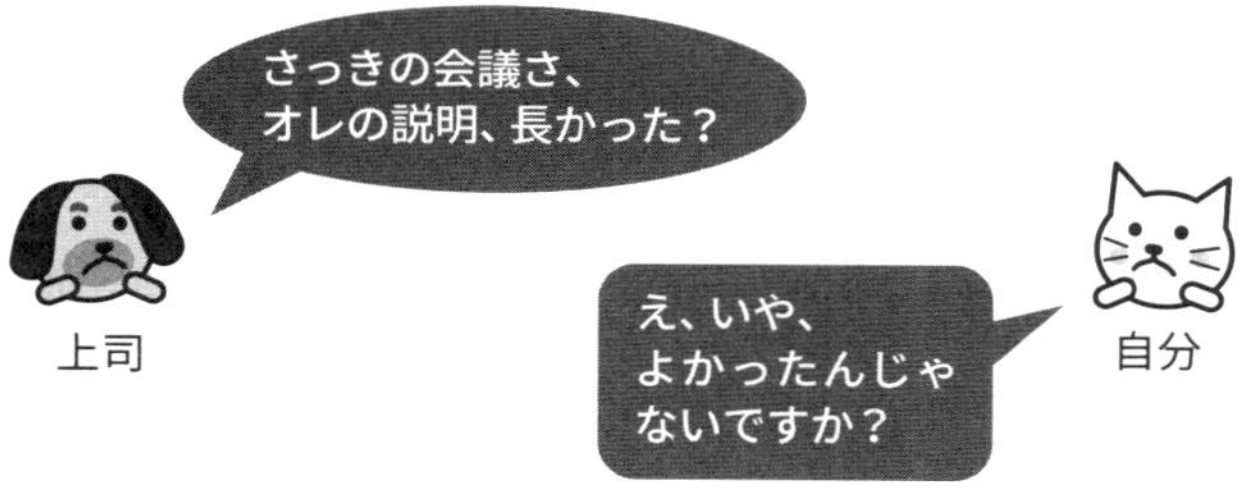
さっきの会議さ、
オレの説明、長かった？
上司
え、いや、
よかったんじゃ
ないですか？
自分

わざわざ聞いてくるのは、不安だから。
気休めを言われても満足しない。

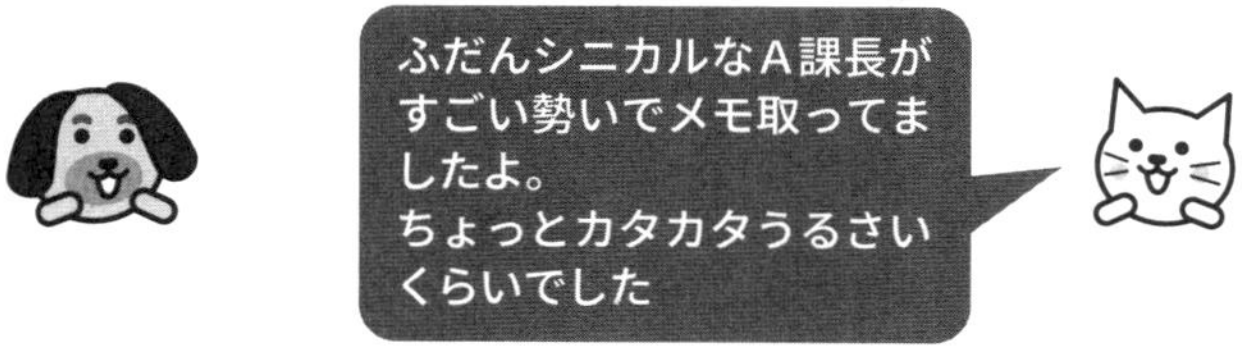
ふだんシニカルなＡ課長が
すごい勢いでメモ取ってま
したよ。
ちょっとカタカタうるさい
くらいでした

**お世辞はバレる。ならば、自分がどう思ったかは言わなければいい。**
**第三者を持ち出して、具体的に伝えれば、相手も満足する。**

に挨拶に行って感想を伝えるんですが、「面白い！」と思うものもあれば、正直なところ、「つまんないなー」と思うものもあります。でも、「面白くなかった」なんて本人に伝えるのは無粋じゃないですか。

本当に仲のいい人にあえて伝えることはあるにしても、大人なんだから、「面白くなかった」なんて感想は言わないのが大前提です。

**「お客さんがすごい笑ってましたよ」**

**「後ろに座ってた子どもさんが、もう大笑いしてました」**

**「満席で、すごい大拍手でしたね！」**

そんな風に、他の人のリアクションを持ち出します。若干の拡大解釈（子どもが少し笑っていたのを「大笑い」にするとか）はしますが、嘘はありません。

それに、人づてにほめられるほうが嬉しかったりするものです。不安があるから感想を求めてくるわけで、直接的にほめても、具体性がなければ「お世辞かな？」と思われるかもしれません。第三者を使って間接的にほめれば、相手は「ああ、ほんと？」とホッとするのです。

ところで、先輩のプレゼンにしろ、芝居にしろ、よくなかったときって、その話を長く続けたくありませんよね。話を変えたいと思ったら、

**「で、これからどんな展開を考えているんですか？」**

**「次の舞台は？」**

と、**「これから」の話題に切り替えましょう。**

ポイントは、前向きに話題をずらすことと、あくまでも延長線上にあるものに話をスライドさせること。そうすると、スーッと話が流れていきます。

あまりに違う話題に切り替えると、「え、まだ話を続けたいのになんで？」と、相手はスカされた気分になっちゃいます。あくまでも自然に、これからの話にずらしましょう。

## コツ⑪ 未来の話にスライドさせるのも手

## 12 それは違うんじゃない？と言われてイラッとした。どう返す？

自分が「こうだ」と思っていることを否定されたとき、次に口に出す言葉は要注意です。「だけどさ」と、間髪入れずに言いたくなっちゃいますよね。反射的に、相手の話を途中でさえぎって出そうになります。でも、グッとこらえてください。

相手が自分と別の視点を投げかけてきたら、いったん受け入れて、最後まで聞いてみると、「そういう考えもあるかも」と納得できることもあると思います。

納得できなくても、「そういう考えもあるのか」と知るだけでも意味があります。

間髪入れずに反論すると空気が悪くなって話ははずみません。

「……なんか吉田さん、急にまじめなこと言い出したけどどうしたの？」と思われているかもしれませんが、僕が言いたいのはここからです。

雑談って、どう転がっていくかわからないところに面白さがあります。誰かが話して、誰かが反応して、また誰かが話す。いわば想定外を面白がるのが雑談です。

**ところが、ほとんどの人が大人になって分別がつくにつれて、「想定外」を面白がれなくなって、自分の考えと違うことを言われたり、思いがけない角度からツッコミが入ったりすると、「だけどさ」、「いや、それはどうかな」とシャットアウトしちゃうんです。**

それでは目的のある交渉などはできても、想定外を楽しむ雑談では、限界があるのではないでしょうか。

自分の考えを否定されたときや、自分とは違う視点を投げかけられたときに、「だけど」と思っても、

「そういう考え方もあるよね」

と、格好だけでもいいから受け止めてみてほしいと思います。口に出した瞬間、脳が錯覚して、自分の考えのように思えるかもしれません。

とはいっても一足飛びには難しいから、「それは違うんじゃない？」と言われたら、「だけど」は飲み込んで、

**「え？　どういうこと？」**

と聞いてみる。最後まで聞き終わったら、無理やりにでも、

**「そういう考え方もあるね」**

と口に出す。

そうすると、新しい刺激を受けて、いつもと違う思考回路が動きはじめます。

いつも同じ考え方をして、同じことを言って、ずーっと同じ思考パターンを続けていると、相手の話に柔軟に対応できなくなってしまいます。野球でいえば「ど真ん中のストレートしか打てないバッター」のようなものです。相手は何をどこに投げてくるかわからないわけです。

コツ⑫ 「だけど」を封印して、脳に新しい回路をつくる

# 13 最近、鍛えてるんだよね／と、向こうから言ってきた。どうする？

相手が「最近、鍛えてるんだよね」と切り出したのに、「へえ、そうなんですか」で片づけてしまう人がいます。そういう人を見かけると、「いやいや、ちょっと待って」、「え、まさかそれで終わらせちゃうの？」と、のけぞってしまいます。明らかに相手は話す気満々ですから。

同僚に「この前、部長に呼ばれてさ」とか、突然言われたときも同じです。

**自分から話を振ってきたということは、掘り下げてほしいわけです。**

「鍛えてる」と言われたら、どうするか考えていきましょう。

相手「最近、鍛えてるんだよね」
自分**「何かやってるんですか？」**

相手「筋トレに週2回行ってってさ」
自分**「へぇ、ライザップ的なやつですか？」**
相手「いや、あれとはちょっと違って」
自分**「じゃあ、どんなとこ？」**

ここまで来れば、「さあどうぞ喋って下さい！」と、ステージを作ってあげたようなものです。

自慢したいこと、聞いてほしいことがある人は、さりげなさを装っていますが、実はわかりやすくヒントをぶらさげています。そこを質問してあげれば、喜んで喋ってくれます。

一通り聞いたら、

**「自分も1個、自慢していいですか？」**

というのもアリです。

## コツ⑬ 「振ってくる＝話したい」

# 14 もしかして鍛えてます？何やってるんですか？と聞かれた。どう返す？

また筋肉の話で恐縮です。最近、筋トレにはまっているもので。

「もしかして鍛えてます？」と、久しぶりに会った人たちにちょくちょく聞かれるようになりました。「週2でジムに行ってる」と答えると、「ジムで何やってんですか？」と聞いてくれます。

正直に答えれば、「バーベルとかスクワットとか」です。

**でも、これじゃあ普通すぎて、「へー」で終わっちゃいますよね。だから「普通じゃないことはないかな」と考えます。**

**「バーベルとかスクワットとか、筋トレやってんだけど、この間ジムの代表の人が出てきて、突然、ボディビルダーの本をすすめられた」**とか、

**「筋トレ。やせたくて行ったのに、筋肉増えて体重増えてんだよ、おかしくない？」**とか。

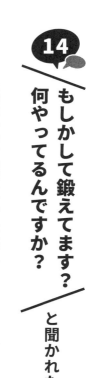

**僕はけっこうふだんから、ありきたりじゃない答えを考えたり、自分が面白いと思ったことを、ネタとして意識しています。**

「忙しそうですね」と言われたら、定番の「おかげさまで」、「相変わらずバタバタやってます」じゃなく、

**「死にそうです」**か、

**「暇です」**

のどっちかです。

ありきたりに答えないことを意識していると、返し方のバリエーションもだんだん増えていきますよ。

コツ14 ありきたりではない答え方を、ふだんから意識する

5章

# 同じ話題でも〝伝え方〟でこんなに変わる！

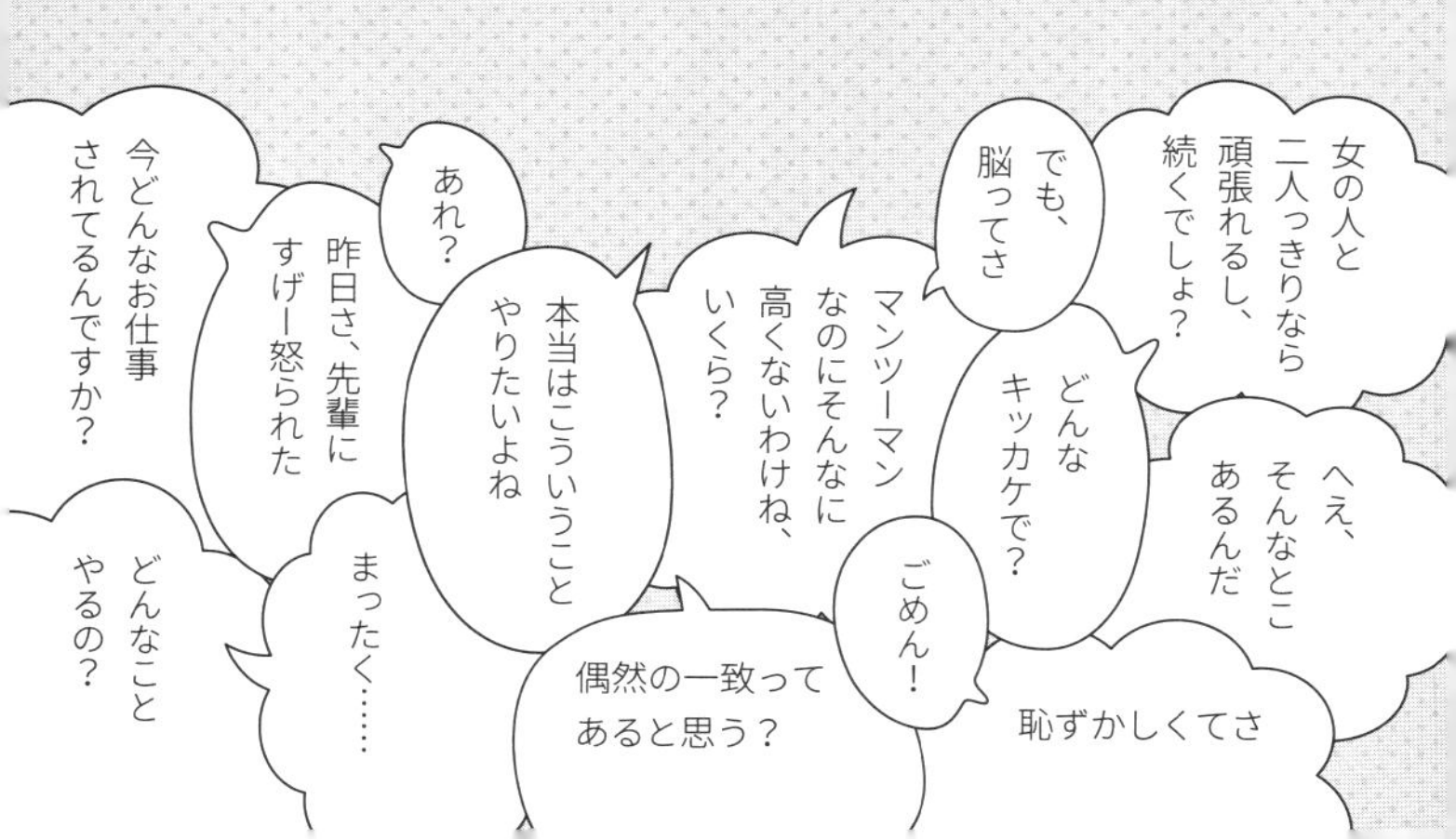

女の人と二人っきりなら頑張れるし、続くでしょ？
でも、脳ってさ
どんなキッカケで？
へえ、そんなとこあるんだ
マンツーマンなのにそんなに高くないわけね、いくら？
ごめん！
恥ずかしくてさ
本当はこういうことやりたいよね
あれ？
偶然の一致ってあると思う？
昨日さ、先輩にすげー怒られた
今どんなお仕事されてるんですか？
まったく……
どんなことやるの？

# 1 不満や怒りは「ネタ」としてストック

雑談では「聞く」ことが大事と、繰り返しお話ししてきました。
でも、自分だって話したいじゃないですか。
この章では、「話す」ほうのコツをお伝えしましょう。

ひとつ、僕がふだんどんな話をしているのか、実例を紹介します。これはある大物芸人さんとの雑談で、本当に話したエピソードです。

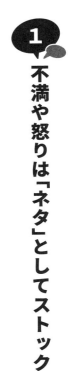

この間、クリーニング屋さんにシャツを出しに行ったんです。
かなり汚れたのを3枚。
受付にいるおばちゃんの名札に、「実習生」って書いてあるんですよ。
おばちゃん一生懸命だから、カウンター一面に汚れたシャツをご丁寧に、重ならないように広げちゃうわけです。

他のお客さんが入ってきちゃった。恥ずかしくて、僕がちょっと端に寄せたんです、「次のお客さんに失礼なんで」って感じで。

なのにおばちゃんったら、いっぱいいっぱいで次のお客さんが視野に入ってないから、「あら、なんで寄っちゃってるのかしら？」って、また広げちゃうわけですよ。

しょうがないから、そのままにしてたら、「仕上がりはどうしますか？　15日か23日になります」って聞かれたんですよ。

「早いと値段が違うんですか？」って聞いたら、「一緒です」って。

あのさ、値段が一緒なら誰だって早いほうがいいでしょ！　誰がわざわざ23日を選ぶの、1週間以上も違うのに！って話ですよね。まったく……。


――クリーニング屋さんで遭遇した、ちょっとした不満です。

「雑談で話すことがない」、「話すことが見つからない」と感じている人も多いでしょう。

でも雑談なんだから、こういうちょっとしたエピソードで十分なんです。

**とくに、不満や怒りは、ネタの宝庫です。そういう出来事に遭遇したときに、「なんだアイツ！」と、ただの不満として捨てちゃうのか、「あ、これどっかでネタになるな！」とストックしておくか。これが、ネタを持っている人と持っていない人の差です。**

あとは、そのネタをどう話すかですね。

「クリーニング店の実習生がひどかったんだよ」と始めると、ただの不満の話になっちゃいます。

不満を雑談のネタ（笑い）に変えるには、話の構造を考えなければいけません。安心してください。難しくはありませんから。話す順番さえちょっと意識しておけば、笑いに変えられるようになります。ポイントは、次の3つです。

**①設定（場所、シチュエーション）**

……「クリーニング屋さんにシャツを出しに行った」

**②フレーム（注目してほしいこと、狙い）**
……「おばちゃんが『実習生』だった」

**③感情**
……「(汚れたシャツを一面に並べられて）恥ずかしかった」
「値段が一緒なら15日でいいでしょ！　誰がわざわざ23日を選ぶの？」

**まず「設定」を伝えて、これから話すシチュエーションをイメージしてもらう。**
**次に、「狙い」を話して、「おばちゃんが実習生？　何かやらかすな」と予想させる。**
**最後に「感情」を話す。**

この順番で話すだけで、ただの不満が、笑えるエピソードに変わります。聞き手にイメージが伝わっているから、感情を共有してもらえるんです。

次のページから、①～③それぞれについて、説明していきましょう。

**コツ①　不満や怒りは「話す順番」を整理すれば、笑えるネタになる！**

## 2 最初に「設定」を伝える

雑談でいちばんつらいのは、自慢話でも笑えない話でもなく、「理解できない話」ではないでしょうか？

なぜ理解できないかというと、最初に伝えるべき「設定」が抜けているからです。

たとえば、「ダイエットでジムに行き始めたんだ」と言われて、「どんなところに行ってるの？」と聞いたとき。

「ライザップみたいなパーソナルトレーニング。だけど、ライザップと違って、ワンルームマンションなんだよね。女性のトレーナーと完全にマンツーマンで、ライザップの半額くらいでやってるんだ」

これなら、どういうところなのかイメージできます。聞き手が頭の中で映像化できるんです。だから、

**「へえ、そんなとこあるんだ。どんなことやるの？」**

**「マンツーマンなのに、そんなに高くないわけね、いくら？」**

など、質問が生まれます。

**「女の人と二人っきりなら頑張れるし、続くでしょ？」**

みたいなツッコミもできますね。

でも、こう言われたらどうでしょう？

「ほんとにちっちゃいとこなんだよねー。玄関開けたら『いきなりジム！』みたいな」

……聞いているほうは、何が小さいのか、どんなところなのかイメージできません。だからツラくなってくるんです。本人にとっては、「ちっちゃいとこだった！」が一番の感想だったのでしょう。そこをそのまんま言葉にしちゃってる。こういう話し方、とくに女

性に多いです。

ドラマや映画でも同じですが、**まず伝えるべきは「設定」です。**「いつ」「どこで」「誰が」といった基本的な場面設定を、聞き手にイメージしてもらう。

**だって、相手は見たこともないジムの話を聞いてくれてるんですよ。**「自分が見て浮かんだ言葉（ほんとにちっちゃいとこ）」と、「そのジムを見たこともない相手に、イメージを伝えられる言葉」は、別ものです。

ドラマでいえば、舞台となっている場所とか、いつの時代のことか、どんな人物が出てくるのかがわかって初めて、「ああ、こういうドラマなのね」とイメージできて、「見ようかな」と思うわけです。

設定がわからなければ、イメージできないんだから、楽しむことも興味を持つこともできません。

もうひとつ基本的なことを言えば、**ワンセンテンスで伝わるのは「一つだけ」です。**

「パーソナルトレーニングなんだけど、ライザップと違ってワンルームマンションで」と、ひとつのセンテンスにいくつか詰め込んでしまうと、伝わりません。

これは聞き手の理解力が足りないからではありません。だって、「パーソナルトレーニング」と「ワンルームマンション」を「だけど」でつないでいますが、べつに「パーソナルトレーニング」が「ワンルーム」なのは、それほどおかしなことではないですよね。おかしなことなら「だけど」でいいでしょうけど、そうではない。「日本人だけど優しい」と言ってるようなもので、「なんで『だけど』？　わかんないや」となってしまう。聞く気がなくなってしまうわけです。

これはあくまで例ですが、話し言葉でワンセンテンスにいくつも詰め込むと、往々にしてこういう悲劇が起きますから、区切りましょう。

「パーソナルトレーニング」で区切る、「ワンルームマンション」で区切る。一つのことを伝えたら、区切って、ちょっと間をあける。これは、情報を共有していない相手に話すときの基本的なコツです。

**何かを語るときには、ちょっと説明っぽいなと思っても、「設定」を相手と共有することをショートカットしてはダメなんです。**

コツ2 「設定」を伝えて、どういう状況か映像化してもらう

芸人さんたちの話もそうですよね？

バラエティ番組で芸人さんがエピソードトークをしていたら、どんな順番で話しているのか、ちょっと気をつけて聞いてみてください。必ず、どういう状況かを、聞き手がイメージできるように、映像化できるように伝えることから始めています。

雑談だから、内容自体はたいして大事件だったり派手なエピソードでなくてもいいんです。でも、「設定」が伝わらない話し方をされたんでは、聞かされているほうはたまったもんじゃありません。

# 3 「フレーム」をつける

エピソードを話すとき、「フレーム」をつけるのも、相手に伝わりやすくするコツです。
たとえば、「グランドキャニオンを見に行ったけど、あまりに広すぎて、テレビで見たときほど感動できなかった」……みたいな経験、ありませんか？
テレビでは、いちばん美しく見える景色をうまく切り取っている（＝フレーミング）から、素晴らしくなるんです。

話も同じです。体験したことを1から10まで時間軸に沿ってぜんぶ同じ温度で説明されたら、どこがポイントかわかりません。「ココを伝えたいから、この話をするんだ」という、ポイントを早めに示してもらえると、聞き手は興味を持ちやすくなります。

「昨日さ、A部長とB先輩と、渋谷駅の近くの会社を訪問したんだけど、午前中に俺は別の予定があったから、30分前に駅で待ち合せてたわけ。で、午前中の仕事は予定どおり終わって渋谷に向かったんだけど、電車が止まっちゃって、駅に着いたのがギリギリで。お客さんとの約束には間に合ったんだけど、部長を待たせちゃって、あとで先輩にすげー怒られた」

フレームなしで1から10まで説明しちゃう、残念すぎる話し方です。

順序だてて話してはいるものの、「何が話したいのかな」とわかるまでに結構待たされます。聞き手は興味を失ってしまうでしょう。

**「昨日さ、先輩にすげー怒られた」**

と始めればいいんです。

これがフレーム。

聞き手は、「先輩に怒られた話をするのね」と想像しながら聞けます。テーマや狙いがわかれば、多少説明が長くても待てます。といっても長すぎると疲れるので、

「昨日さ、先輩にすげー怒られた。出先で部長を待たせちゃって」

くらいに省略したほうがいいかもしれません。多くの人は「どうしたの？」と聞いてくれるはずです。

**前提を言うのも、フレームをつけるのも、相手にこれから話す内容を想像してもらうためです。想像ができると、聞き手は聞く準備が整い、興味を持てるので、聞いていてツライ、話についていけないということはなくなります。**

話すときには、相手が想像できるように話す。これ、大切なポイントです。

## コツ3 話が長くなる人は特に、フレームと省略を意識する

## 4 最後に「感情」を加える

エピソードを伝えるのに、なぜ最後に「感情」を加えたほうがいいのかと言うと、感情を共有できると、次の話題が生まれやすいからです。

A「1日50食の限定メニュー、急いで行ったけど売り切れてた、残念！」
B「残念っていえば、この間私も――」
みたいな感じです。

たとえば、こんなエピソードを話す人がいたとします。

「昨日、居酒屋に行ったんだけど。メニューに焼き鳥の盛り合わせがあって、普通に頼んだら、全部内臓系だったんだ」

いかがでしょう？

居酒屋に行った話なんだなということ（設定）も、盛り合わせを頼んだら何かがあったんだなということ（フレーム・狙い）も理解できます。

でも、これだけで終わると、どういう意味合いで話しているのが、いまひとつわかりにくいですね。この段階では単なる不満話かなとも思えるので、聞いているほうはリアクションに迷います。

ところが最後に、

**「全部内臓系でさ。ハァ？　どんな盛り合わせだよ！　ふつうにモモとか砂肝とか食べたいんですけど！」**

と、感情を加えると、笑い話になります。聞き手も感情を共有できるので、盛り上がれるんです。

人は、何かを共有することで、はじめて相手と「つながった！」と感じるものです。雑談も、共有できると楽しくなります。

エピソードを話すときには、話す側（自分）と聞く側（相手）の重なりを見つけ、**相手**

**に感情を共有してもらうように話すのがコツです。**

感情を共有できると、その感情がフックになって潜在記憶が刺激されるので、「あ、自分もそういう経験があったな」と、思い出しやすくなります。聞き手側の「あーあるある、そういえば私も……」という〝話したくなる感じ〟を引き出せるんです。

## コツ4 感情でタグづけしておくと覚えやすい、使いやすい

エピソードを覚えておくときにも、感情を残しておくといいと思います。記憶は、感情を伴うと思い出しやすいと言われています。

**「あ、これどっかでネタになるな」と思う出来事があったら、感情でタグづけをしておく。**

たとえば、「同僚にバカにされた」みたいなことがあったら、「バカにされて悲しかった」という感情を残しておく。そうすると、相手が「悲しかった」エピソードを話したときにパッと思い出して、「そういえば私も……」と、会話をつなぎやすくなります。

# 5 話すことを思いつかないのはなぜ？

雑談のなかで具体例とか、話すエピソードが思いつかないのには、2つの理由があると思います。

1つは、リラックスしていないから。

**エピソードはあるのに、その記憶にアクセスできないから思い出せないんです。**

リラックスしていないときって、心で感じたままを喋るんじゃなく、頭で考えて喋っている状態なんですよね。でも、頭で考えていると、「今、意識の中にあるネタ」しか思いつきません。だから、緊張すると、どんどん話題が狭まっていきます（もちろん、先ほどふれた「設定」などを整えて話すという意味の「考えながら話す」は必要ですよ）。

リラックスしていると、無意識のほうにアクセスできるので、埋もれていた記憶が、相手の言葉をきっかけに思い出されます。何かをど忘れして、頑張って思い出そうとしても思い出せなかったのに、そのあとふとした時に思い出すことってありませんか？　それって、頑張らずに、リラックスしたからこそ、思い出せるんですよね。

学生時代の友だちとは、久しぶりに会っても、いろいろなことを思い出して、話が弾みますよね。それはリラックスして、〝あの時代〟に戻れているから、「そういえばあんなこと、あったよね」と、どんどんエピソードを思い出せるのではないでしょうか。


具体例やエピソードを思いつかないもう1つの理由は、あまりにもいつも同じことをしているからかもしれません。

**思い出せないのではなくて、そもそも持っているエピソードが少ない、足りない――行動を起こしていない人は、雑談のネタを考えるにも限界があります。**

僕も、もともとは引きこもりタイプで、休日は家にいたいほうですが（百数十時間引きこもって、「ハイラル王国の住民か！」と思うぐらい、『ゼルダの伝説』をしていたこともあります）、**どこかに出かけるときには、なるべく行ったことがないところ、ベタじゃないところを選ぶようにしています。**

たとえば、レッサーパンダが見たくて動物園に行ったときには、上野動物園ではなく、

## ―― 話すことを思いつかないのは、なぜか ――

1. ネタ（エピソード）はあるのに、
思い出せない
（記憶にアクセスできない）

↓

リラックスしていると
思い出しやすくなる

2. 持っているネタがそもそも少ない

↓

「いつも同じ」でなく、

- 行ったことがないところ
- みんなが行かないようなところ

に行ってみるなど、行動パターンに
バリエーションをつけてみよう

川崎市にある、みさとワールド夢見ヶ崎動物公園に行きました。

住宅街にある公園を歩いていると、突然、動物園があるんです。で、レッサーパンダとかペンギンとかがいるんですよ。

しかも、入園料がタダなので、近所の人が犬の散歩のついでに動物園のなかを歩いていたりして、レッサーパンダが、おばあちゃんに連れられた犬をジッと見ていたりするんです。動物園に動物を連れて行くなんて、他じゃありえないですよね。

というような話も、あえて行ったことのない動物園に行ったから、雑談で話せるわけです。もちろん、上野動物園に行けば、レッサーパンダもいるし、ジャイアントパンダだっていることもわかっています。それに対して、はじめて行く動物園だと、どんなところなのか、行ってみなければわかりません。

**でも、ショボいようでおもしろかったとか、本当にショボくて笑っちゃったとか、どちらにしてもネタになるんです。**

食事にしても、毎回同じところに行く人って、いますよね。僕の知り合いにも、宮崎出身で、鶏南蛮が有名な宮崎料理店に、毎回行こうとする人がいます。美味しいから、また行きたくなる気持ちはわかるんです。僕も、何度も行っているお店もあります。
でも、**「いつも同じ場所、いつも同じ行動」では、雑談のネタは増えません。**

映画の主人公は、ほとんどがチャレンジしている人です。ダスティン・ホフマンの「クレイマー、クレイマー」だって、仕事人間だった主人公が妻に去られたことをきっかけに、息子を一人で育てるようになって、だんだん一人前のお父さんになっていく、というチャレンジの話です。最初から素晴らしいお父さんだったら、誰も感動しません。

人間は、チャレンジしている人の物語を観たがるんです。成功した人、ではありません。
それは雑談も同じで、チャレンジしている人の話は、どうなるかわからないから、聞いていてワクワクするし、楽しいのではないでしょうか。

話すエピソードが思いつかない人は、そもそもふだんの行動に理由があるかもしれません。

## コツ5 いつもと違う場所、いつもと違うやり方が、雑談のネタになる

## 6 脳、超自然、シンクロニシティ……定番ネタを持っておこう

いろいろな人と雑談をして、エピソードを話しているうちに、「あ、このネタ話せば大丈夫だな」という定番のネタができていきます。

僕の定番ネタのひとつは、小学生のときの話です。

「こういうのが定番の雑談ネタになります」という事例として、ちょっとお付き合いください。

2年生のときに、校庭を歩いてたら、台の上から石を投げてる少年がいたんですね。僕が「やめろよ！」って言ったら、僕にめがけて投げてきて、どでかい石が頭の左側に当たって、血だらけになって倒れたんです。

気がついたら手術室で、そのまま何週間か入院したんですけど、退院したら、それまでまったく勉強できなかったのに、急にできるようになったんです。しか

も、消極的でおとなしいって言われてたのに、急に積極的な人間になった。不思議なことに、左脳に石が当たったら、覚醒しちゃったんです。

でもこういうことってけっこう珍しくないみたいで、久石譲さんも、左脳を損傷したら音楽に目覚めたって本に書いてました。しかも久石さん曰く、芸術家には左脳を損傷した人が結構いるらしいんです。

ということは僕も、もうちょっと当たりどころが良かったら、すげえ人になってたかもしれないんです。


……というのが、定番ネタです。

「損傷して頭が良くなった」で終わったら、ちょっと自慢みたいになっちゃいますが、久石さんを引き合いに出して、「もうちょっと当たりどころが良かったら……」と締めることでオチをつけています。

こういう話を、たとえば「どうやったら吉田さんみたいに育つんですか？」と聞かれたときにしています。雑談のなかでそういう質問をされたときに、言葉通りに受けて、マジメに子育て論を展開しちゃう人もいますが、**雑談だから、相手も本気で知りたいわけじゃないんです。マジメに返しちゃうと、つまんないですよね。**

だから、こういうネタを持っておくと、雑談が盛り上がります。最終的には、「子どもは、若いころにどれだけ経験させるかなんじゃないかな」といったマジメな答えも付け加えますが、その前に、場をあたためるネタとして話したりしています。

ところで、この話、なんで定番ネタになっているのかと言うと、相手を選ばず、笑ってもらえるということもありますが、ここで雑談が終わらないからです。

「もうちょっと当たりどころが良かったら」で、ひと笑いしてもらったあと、雑談がどう転がっていくかというと、

**「でも、脳ってさ」**

と、脳の話になるんです。

定番ネタになるのは、面白いだけではなく、どんな人でも何かちょっと話したくなるようなネタです。**UFO、幽霊、超自然、脳、あるいは偶然の一致とか。**

**「直感ってなんだろう？」みたいな話でもいいと思います。**

いずれにしても、現時点では正解がなくて、誰でも自説を語れるような話題です。好き勝手に語れるので、盛り上がりやすいんです。

こういう話題につながるネタを定番ネタとしていくつか持っておくと、困ったとき、ちょっと場を盛り上げたいときに重宝します。

コツ 6

## 正解がなくて、誰でも自説を語れる「定番」を持っておこう

## 7 1回の食事で本音を語りあえる仲になるには？

同性でも異性でも、二人っきりで話すのはほぼ初めてという人と、食事をする。しかも、仕事の打ち合わせでもないから、話さなければいけない話題はない。こんなとき、何を話そうか、悩みませんか？

雑談力の真価が試されるのは、こういうときです。

ちょうど先日、まさにそんな機会がありました。数々のヒットドラマを手掛ける、先輩のディレクター（他局の方ですが）とサシで食事に行くことになったのです。

3時間ほどの食事は、こんな流れでした。

**①最初の1時間**——一番話しやすい「今、どんな仕事をしているのか？」から始めて、「生まれは？」まで遡っていき、相手の今までの人生について聞く。

**②次の1時間**——今までドラマや映画をつくってきたなかで不満に思っていること、苦労していることについて話しながら、自分と相手の共通点を探る。

**③最後の1時間**——芝居のつけ方や撮り方、作品の選び方、好きな映画とか、具体的なことを聞きながら、お互いの考えを知り、違いを楽しむ。

大まかに言えば、「個別の話」↓「共通項の話」↓「価値観の相違の話」という流れです。

最終的には、

「自分はこういうものが好きだ」

「本当はこういうことがやりたいんだよね」

などと、お互いに率直に、けっこう本音を喋れるようになっていました。そうなると、心地よく話せるようになります。**ほめられるから心地よいとかじゃなく、話していること自体が心地よくなる。**

家族とか、仲の良い友人とは、雑談することでリラックスできますよね。気を遣ったり、カッコつけたりすることなく、本音で喋れるからです。

でも、そこまで親しくない間柄の場合、**最初から腹を割って話すことなんてできません。だから、話しやすいところから始めて、共通項を探して……という手順を踏む必要があるんです。**

この流れを意識して食事に臨んだわけではありませんが、思い返すと、心をだんだん開いていきやすいようにと、こういう流れになっていたように思います。

**雑談には、聞き方、話し方も大事ですが、流れも大事です。**

# 6章

# 誰でも使える！　必携テク11

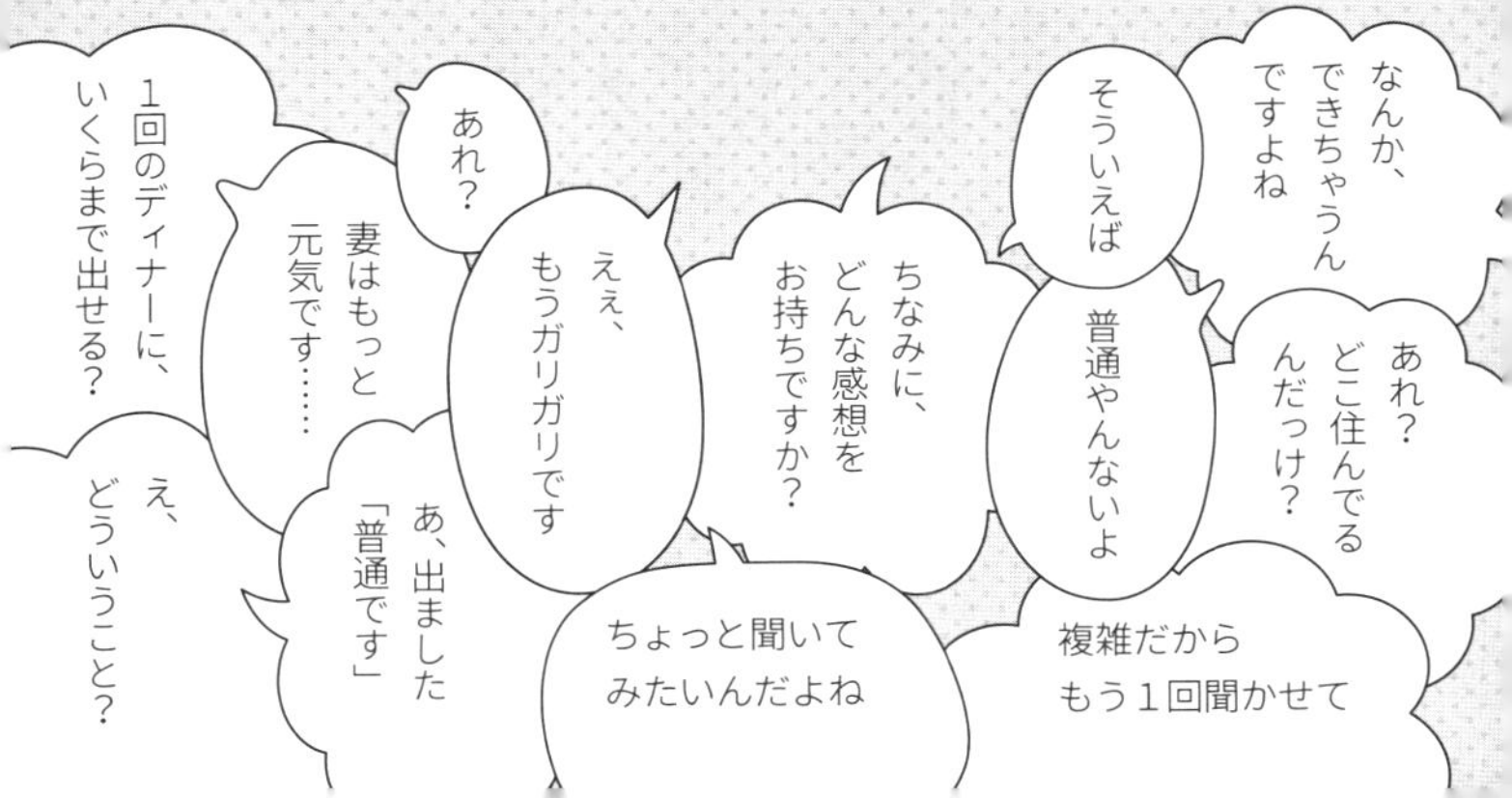
なんか、できちゃうんですよね
そういえば
あれ？どこ住んでるんだっけ？
普通やんないよ
複雑だからもう１回聞かせて
ちなみに、どんな感想をお持ちですか？
ちょっと聞いてみたいんだよね
ええ、もうガリガリです
あれ？
あ、出ました「普通です」
妻はもっと元気です……
1回のディナーに、いくらまで出せる？
え、どういうこと？

# 1 常套句、定番イメージを反転させると笑いになる

リラックスする。相手の話をよく聞く。相手が話しやすいように質問をする。相手の言葉を拾って、話が広がるように返す。相手に興味を持たれるように話す――。

そんな風に、ふつうに雑談が続けられるようになったら、ちょっと欲張って、笑いをとれる雑談にチャレンジしましょう。といっても、そう難しいことではないんです。ほんのちょっとした言い回しで、笑いはついてきます。

たとえば、常套句とか定番のイメージってありますよね。こういうのは、反転させたり、ちょっとズラすと、ギャグになります。

「常套句を反転させる」とは、こんな感じです。

上司に、新居のことを聞かれたときに、
**「自慢ですけど、引っ越してよかったです。広くなりました」**

ふつうは「自慢するわけじゃないですけど」ですよね。自慢するときの常套句です。そこを「自慢ですけど」に反転させるだけで、そのあとはフツーでも、「オイ！」とツッコミをもらえます。

「定番のイメージの反転」は、たとえば、「古女房」といえば「コワい。かわいくない」というのが定番ですから、反転させる。こんな感じです。

自分「うちの猫、この前、病気しちゃってさ」
部下「心配ですね。猫、かわいいですもんね」
自分**「女房のほうがかわいいけどな」**

これも笑いが起こりますよね。

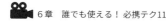

「猫がかわいい」ということから連想して、「家にいる、かわいいくないもの」で、「女房」です。

「ちょっとズラして答える」というのは、こんな感じでしょうか。

「娘さん、元気?」と聞かれて、

**「妻はもっと元気です……」**

と、しょんぼりと。

視点をちょっとズラすと、雑談がハネます。



コツ1 「反転」や「ずらし」は笑いにつながる

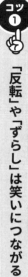

# 2 「二人のお約束」をつくるとラクに笑える

付き合いが短いわけでもないのに、後輩がなかなか打ち解けてくれない。礼儀正しすぎるほどで、どうも壁を感じる――。最近よく聞く話です。

**僕は、会社で愛されるコツは「上司にはツッコミ、部下にはボケる」だと思っています。**

しかしマジメで丁寧な部下、後輩には、基本的にすごくツッコみます。

この間も、1年ぶりくらいに会った後輩が、「そういうのは、『あるやなしや』ですよね」と言ったので、「へーえ」。一拍おいて、

**「え、どういうこと？」**

とツッコんだら、「あー久しぶりだ、吉田さんと会ってるとこの感じだ」と言われました。

ふだんはマジメな後輩から「久しぶりだ」、「この感じだ」という言葉が出たので、それなりに打ち解けているんじゃないかと思います。

「あるやなしや」は珍しい例ですが、マジメな人の中には、間違ったことを言いたくないからか、玉虫色のあいまいな表現を多用する人がいます。それを逆手にとって、毎回必ず、
「どういうこと？」
とツッコむパターンを作り上げておくと、二人の間のお約束になって距離が近づきます。

同じように、笑ってごまかしたり、優等生的な返しをしがちな後輩には、

**「でも、実は？」**

と聞くのをお約束にするのもアリです。

自分「受付の子、変わったよね。どっちがタイプ？」
後輩「あー。まあ、どっちもかわいいですよね」
自分「だよねー。でも、実はー？」

答えが返ってこなくてもいいんです。ちょっと空気があたたまって、少しでも雑談しやすくなったらＯＫです。

なにかと、「普通です」、「特にないですよ」などと答える後輩だったら、

**「あ、出ました『普通です』」**

**「はい、また出たー！」**

とツッコむのをお約束にするというのもあります。

こんな風に、相手の特徴をふまえてツッコむパターンを作っておくと、どんな場面でも、同じやり取りをして笑えるので、自分も相手も楽です。

もうちょっとハードルが低い方法としては、あえて私生活のことを聞いてみるのもいいと思います。

いつも礼儀正しく、社会人としてピシッとしている後輩を、ちょっとほぐしてあげたいとしたら、社会人じゃない部分を聞くんです。いきなり「趣味は？」と聞いても、「いえ、別に」とか、「特にないですね」で終わりそうなので、絶対に答えられる質問にします。

**誰でも絶対に答えられる質問って、何かというと「衣食住」です。**

衣食住がない人って、いませんよね。だから、誰でも何かしら話せるはず。とくに「住」は、どこかに住んでいるのだから、

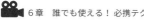

**「あれ？　どこ住んでるんだっけ？」**

と聞けば、必ず具体的な答えが返ってきます。

なじみのある地名、駅名だったら、

**「ああ、あそこの店、行った」**

と共有する。あまり知らない地名、駅名だったら、部屋や間取りのほうに話を振ってもいいですね。

ちなみに、もう少し打ち解けてほしいからといって、「お前、そんな丁寧な言葉使わなくていいから、もっと楽に話せよ」なんて諭《さと》すのは、やめたほうがいいです。良かれと思って、相手のことを思っての言葉だとしても、言われて変えられるものではなく、むしろ圧を与えてしまいます。かえって恐縮されて溝が深まるかもしれません。

## コツ2 「毎回同じツッコミをする」のも有効

# 3 一問一答で終わる人には「小ボケ」と「ほめ」

パターン化の良いところは、繰り返せることです。

さっきの「どういうこと?」とツッコむのも、最初に後輩に言ったときには、「え?なんですか?」とか、ふつうに返されたと思うんです。でも、「え、どういうこと?」を何度か繰り返していくなかで、二人の間のお約束になって、「あーこの感じ」という空気ができていく。


**多くの人は、一回の雑談で、その場で、相手の態度を変えようとしすぎるんじゃないでしょうか?** リアクションが薄い後輩からいいリアクションを引き出したいとか、一問一答で終わっちゃう相手の心を開かせたい、とか。

そう焦っちゃう気持ちもわかるんですが、よくよく考えると、それって、ある種の傲慢ではないでしょうか? その人の人格というのは、それまでの人生でたくさんの人に出会ってつくられてきたものですよね。それが、たった一回、自分が話しかけたからって、変わるわけがないんです。

それでも、後輩に社内でもっと打ち解けてほしいとか、リラックスさせてあげたいという気持ちがあるから、その後輩と雑談をしたいわけですよね。だったら何が大事かといえば、その後輩がリラックスできる状態をつくることです。

その場で相手の態度を変えようとすると、余計に身を硬くされます。

**そうではなく、まずは「私はあなたのことを見ていますよ」、「関心がありますよ」と伝えるだけでいいんです。どんな会話も、「あなたに興味がありますよ」と示すことから始まります。**

たとえば、おとなしい後輩がいて、会話がすべて一問一答で終わってしまう。給湯室のポットのお湯が切れたときに、係でもないのに毎回補充してくれているのを知って、

「よく気がつくね」

と声をかけても、「いいえ、とんでもないです」で終わっちゃう。

「なんで毎回足してくれてんの?」

と聞いても、「切れてたからです」で終わる。

その場で相手の態度を変えたいと思っていれば、声をかけても短い言葉しか返ってこないことに、焦りを感じるかもしれません。でも、大事なのは伝えることです。

僕だったら、「切れてたからです」と言われたあと、

**「普通やんないよ」**

と言います。自分が感じていることをそのまま。

で、ちょっとボケても大丈夫そうだったら、

**「え、なに、お茶屋？　お茶屋なの」**

なんて言うかもしれません。

ウケなくて「違いますけど」と普通に返されたとしても動揺せずに、

**「ほんと、みんな助かってるから」**

とベタに言って切り上げます。

リアクションはいつもと変わらなくても、後輩は、「一瞬、先輩にボケられて、そのあとほめられた」と、ちゃんと受け止めていると思います。

そういうやり取りが一度あれば、自分がお茶を飲むときとかに、「あーお湯がわいててよかった」なんて言いながら、お茶を持って近づけばいいんです。

で、横に座って、「○○さんが担当してるお店、調子いいね、何か工夫してるの?」と、その後輩がしている仕事の話とか、マジメな話を振る。**ほめるためというより、後輩が自分の考えや気持ちを話しやすいように質問するわけです。**

「お茶屋」のフリがない状態で、突然、「工夫してるの?」と詰め寄ると警戒されますが、「お茶屋のくだり」のボケが効いて和んでいると、マジメな後輩も思っていることを話しやすくなるはずです。

大事なことなので繰り返しますが、その場で相手の態度を変えようとしすぎないことです。

「え、お茶屋？」で一回ジャブを打ったら、お茶（お湯）つながりで、

**「今日もいい温度出てるねー」**

**「この前、○○さんがわかしてくれたお湯はなんか違ったんだよなー」**

なんてわざとらしく言ったりして、回数を重ねてほぐしていく。こういうウォーミングアップを、ぜひおすすめします。

## コツ3　1度の雑談で相手を変えようとせず、回数を重ねてほぐす

## 4 「なっちゃう」、「できちゃう」で、茶化しつつ自慢する

ふだんの僕の様子を知っている人からは、「本当に映画つくったの？」とか、よく言われます。

冴えわたった雰囲気が微塵もなく、「大変だー」「終わらない！」といった切迫感も見えないからか、ドラマにしても映画にしてもコントにしても、「本当につくったの？」、「もうできたの？」などとよく言われるんです。

その返しとして僕がよく使うのが、

**「なんか、できちゃうんですよね」**

この「〇〇しちゃう」は、かなり汎用性の高い表現です。かなり、連発しています。

たとえば、監督した作品が何かの賞を頂いて「よく受賞されますね」と言われたら、

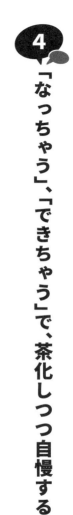

**「あー、獲《と》っちゃうんですよね」。**

「あの番組、面白かったです」と言われたら、

**「面白くなっちゃうんですよね」。**

「できちゃう」「なっちゃう」と、ちょっと茶化しつつ自慢するわけです。

ほめられたときに、「いえ、とんでもないです」、「そんなことないですよ」と謙遜する人、多いですよね。日本人らしい振る舞いですが、堅苦しくなりませんか？

ほめた人は、否定されるより、素直に喜んでくれて、それをきっかけに楽しく話せるほうがうれしいんじゃないでしょうか。ほめるのは、相手と「話したい」、「仲良くなりたい」というアプローチでもあります。

**せっかくほめてくれたのに「いえ、とんでもないです」と否定するのは、ちょっと失礼だと思うんです。少なくとも「ありがとうございます」と受け止めるのが正解だと思っています。**

そのほうが、会話も続きます。「とんでもないです」と否定すると、会話が止まっちゃいますよね。「ありがとうございます」と素直に受け止めて、

**「あの、ちなみに『いいな』と思ったところ、聞かせてもらえれば」**

**「ちなみに、どんな感想をお持ちですか？」**

と、具体的に聞いてみると、話が続いていきます。

その上をいくのが、さっきの「なっちゃう・できちゃう返し」で笑いを取る手法ですね。

気をつけてほしいのは、言うときのニュアンスです。

「なんかできちゃうんですよね」と、肩の力が抜けている人が言えば、笑いになります。

でも、肩に力が入っている人が言うと、とたんに嫌味になります。ふだんから自分のことをよく自慢している人はNGです。本気で自慢しているように聞こえてしまいます。

「なっちゃう・できちゃう返し」は、いろいろな場面に使える便利な言い回しですが、ふだんの自分のキャラクターを見極めて使ってください。

## 5 「イエス」と言わずに置き換える

会話をちょっと盛り上げようと思ったら、「イエス」を「イエス」と言わずに、極端に置き換えるのもおススメです。

たとえば、
「あれ、ちょっとやせた？」
と言われたら、「はい、やせました」と言わずに、置き換えてみましょう。たとえば、

**「えぇ、もうガリガリです」**

**強調しすぎるとボケになるから、ツッコミがもらえて笑えます。**

「あれ、最近きれいなったんじゃない？」

↓**「北川景子を超えそうだって言われます」**とか。

こういう置き換えは、ふだん、僕がドラマやコントをつくるときに、まさにやっていることなんです。

主人公が感動するシーンで、「私、感動してます」と泣き始めたら白けますよね（そういうドラマもありますが）。「感動した」と言わずに、感動していることを伝えるのがドラマです。小説だってそうでしょう。

同じように、「ガリガリです」と強調しすぎることで、**ボケながら「イエス」を伝える。**「イエス」を「イエス」のままでなく、置き換えると、会話が豊かになります。

つまり、伝え方です。「何を伝えるか」は誰しも考えますが、「どう伝えるか」までは考えていないこと、多いのではないでしょうか。伝え方まで意識すると、会話が盛り上がるし、意見も通りやすくなります。

たとえば、彼女とどうしても観たい映画があるけど、おそらく彼女は興味がない。『ガーディアンズ・オブ・ギャラクシー』を観たい」と言っても、「えー、別のにしよう」と言われそうなとき。

**「じゃあ、『ガーディアンズ・オブ・ギャラクシー』を観るのと、『ガーディアンズ・オブ・ギャラクシー』を観てからこっちを観るの、どっちがいい？」**

言いたいことは、結局のところ、「『ガーディアンズ・オブ・ギャラクシー』を観たい」ですが、後者のほうが、「どうしても観たい」という必死さが伝わって、なかばあきれつつも笑ってしまい、折れてくれる可能性が高まります。

同じ内容を伝えるにしても、笑いをまぶしたり、必死な感情を伝えることで相手に響くようになるのです。そのコツが、「言い換え」です。

**ふだんから、「『はい』、『そうです』を別の言葉で言えないか」と意識しているうちに、頭の中に回路ができて、「ガリガリです」みたいな言葉が自然に浮かんでくるようになります。**

## コツ5 うまく言い換えられれば、会話は豊かになる

## 6 カチンと来たら「あれ？」、「そういえば」

雑談をしていて、相手の言葉にカチンとくること、ありますね。相手に悪気はなくても、思いがけない一言で傷つくこと、あります。

若いころはイラッとするとすぐに顔に出るほうでしたが、40代半ばくらいから、心の動揺を最小限に抑えて、平静を装えるようになってきました。

**僕が心がけているのは、「すぐに言い返さない」、「反射しない」こと。カチンと来たら、「カチンと来てるぞ、俺。６秒考えろ」、「次に言う言葉は気をつけろよ」と、自分に言い聞かせるようにしています。**

「吉田くんのつくる作品って、軽いじゃん」などと言われると、相手に悪気はなくても、イラッとして、「つーかそう言うお前のはさ」なんて、売り言葉に買い言葉で返してしまいそうになります。若いころはそう返しちゃっていたと思います。

でも、今は「気をつけろ」と心のなかで思って、**「あれ？」**とか**「そういえば」**を口に出すんです。

こういうつなぎの言葉を口にすることで、強制的に話題が切り替わります。

**「あれ？　あの人、今なにやってんだっけ？」**
**「そういえば、○○さんって、あの仕事無事に終わったのかな？」**

と、まったく別のどうでもいい話をして、心を落ち着かせるわけです。

雑談なので、カチンと来ても、それを表に出さないほうがいいじゃないですか。雑談は空気が大事ですから。だから、心を鎮めるテクニックを持っておくと安心です。

カチンと来たら「あれ？」、「そういえば」。ぜひ試してみてください。

コツ6

## 「そういえば」、「あれ？」を挟んで、強制的に話題を変える

# 7 「複雑だからもう1回聞かせて」

これは、本当にもう質問することがなくなっちゃった……というときの奥の手ですが、

**「ごめんごめん、ちょっと待って。複雑だからもう1回聞かせて」**

と言っちゃうこともあります。

相手がつらつらと話していて聞き役に回っているけど、質問をしようにも、話があっちに行ったりこっちに行ったりで、よくわからない。でも、間は持たせないといけない――。

そんなときに、稀に発動させる奥の手です。特に女性と話をしているときでしょうか。

**大事なのは、「話がつかめないから」ではなく、「複雑だから」と言うことです。**

実際は話し方に難アリで内容がつかめないわけですが、そのまま言うとムッとされますよね。でも、「複雑だから」と言うと、喜んで話し直してくれます。

コツ7 **言い方を変えると、意味は同じでも伝わり方はまったく違うものになる**

# 8 ときどき、あえてくだけた言葉を使う

社内の人間関係を一段、進めたいとか、距離を近づけたいときには、ときどきあえてくだけた言葉を使うことも必要だと思います。

会社の人と話すときには、上にも下にも基本、丁寧語ですよね。

でも、**要所要所で、くだけた言葉を挟むと、親近感がわきます。**

たとえば、すっかり出世して現場で会うことはなくなった昔の上司と久しぶりに会ったとき、

**「なんですか、偉くなっちゃったらしいじゃないですか」**

と、あえてくだけて言ってみると、「うるせー！」とか、相手からもくだけた返事がくるわけです。

いつもだったら「そんなことないですよ」と言うところを、「ない、ない、ない」って、言ってみてもいいと思います（もちろん、場の空気は読んでくださいね）。

飲み会で、「モテるでしょう？」みたいなことを上司から言われたときに、

**「ない、ない、ない」。**

周りからは「タメ口かよ！」とツッコまれますが、上司は喜ぶと思います。少なくとも、僕が部下に言われたらうれしいです。

## コツ8 「あえてくだける」で距離が縮まる

ふだんは丁寧語で話している相手に、くだけた言葉を使うのは勇気がいりますよね。僕も、付き合いが長くても丁寧な言葉遣いを続けるタイプなので、できない人の気持ちはよくわかります。それでも勇気を出して踏み込むと、人間関係が豊かになります。

僕の場合、上司に対してはけっこうできちゃうんですが、それは出世を気にしていないからかもしれません。

## 9 キャラをあだ名にしておくとイジりやすくなる

たまにくだけるという意味では、職場では〝あだ名〟があると便利です。

たとえば僕は、同僚のうち、
食に詳しい人のことを「食いしん坊」
買い物が好きな人のことを「伊勢丹」（休日に伊勢丹に行ったら本当に会いました）
と呼んでいます。

こういうあだ名があると、たとえばお土産にお菓子をもらったときに、

**「食いしん坊だから、2個もらっといたほうがいいんじゃない？」**

**「伊勢丹の人は、こういう庶民的なお菓子は食べないよね」**

とか、イジれるんです。

ひとつキャラクターをつくっておくと、
「○○キャラの人はこういうことするでしょ（しないでしょ）？」
とイジッて笑うというお約束ができます。そうすると、お菓子一つでも、ちょっとした雑談になるんです。

ただし、その人が気にしていることをあだ名にしたり、イジッたらダメですよ。

太っている人が甘いものを食べているのを見て、「だから、太るんじゃない？」と言うのは、ただの悪口です。フレンドリーに接しているつもりで、冗談になると勘違いして言う人がいますが、まったく笑えませんから、気をつけましょう。

# 10 飲みに行くより5分の雑談

時代に合わせる。これも、雑談のコツのひとつです。

部下とコミュニケーションを取りたいとき、昔だったら飲みに誘いました。

でも今の時代、仕事の仕方も、ドライになっています。社内でも、直接顔を合わせて話すより、メールで済ませることが増えています。

**そんななかで、「飲みに誘えば部下とアツく盛り上がれる」と思うこと自体、ズレているのではないでしょうか。**

どうしても飲みながら親睦を深めたいなら、「不満を聞く」のがいちばんだと思いますが、部下とコミュニケーションを取りたいだけなら、そもそも1時間も2時間も飲みに行く必要はありません。仕事の合間に3分か5分、会話をするだけで十分です。

飲みに行きたいときには部下ではなく、同年代の同僚を誘って、ぜひ「グチる会」をやってください。それこそ『今どきの若者は』縛り」でやったらゼッタイ盛り上がるし、スッキリします。

若い世代にとって、「上司が見てくれている」ことは大事です。だから、「気にかけてるよ」ということを伝えるために、上司から話しかけることは大切だと思います。

でも、彼ら彼女らにとっては、5分も会話をすれば、昔で言えば1杯飲みに行くのと同じくらい、「じゅうぶん雑談した」、「コミュニケーションを取った」という感覚になるんです。

だから、若い部下と雑談するには、「一杯いく?」ではなく、

**「ちょっとコーヒー飲みに行く?」**

でいいんです。そのとき、

**「うちの部署は今こういう状態でやってるけど、どう思う?」**

**「ちょっと聞いてみたいんだよね」**

と、仕事のことを聞いてみてもいいでしょう。

そこで、答えが返ってくるかどうかはわかりません。返ってこなくてもいいんです。「上

司が、自分に意見を求めてくれた」と思うことで、部下の心情は変わります。

それと、「今どきの若者は反応が薄い」って言いますよね。「そういうものだ」とわかっていながら、部下に話しかけたときに反応を求めていませんか？

**反応が薄い子に話しかけても、やっぱり薄めのリアクションしか返ってこないのは当たり前。気にしなくていいんです。**

それからもう一つ、若い世代との付き合い方でぜひお伝えしたいのですが、フェイスブックの友だち申請とか、プライベートのＳＮＳをフォローするのはやめたほうがいいです。申請されれば拒否はできないので、承認はしてくれると思います。でも、上司が見ていると思うと、書きたいことを書けなくなるので、内心嫌がっている人はたくさんいます。雑談のネタにしたいからって、こっそり覗くのもやめてあげてください。

## コツ⑩ 「コミュニケーション＝飲み会」は、思い込み

# 11 ある程度、親しくなったら……究極の雑談とは？

ここまで雑談について話してきましたが、改めて、雑談は何のためにするのでしょうか？

いろいろな場面での雑談がありますが、共通して言えるのは、「雑談は相手との距離を縮めていくための手段であり、心を通わせていくプロセスだ」ということです。

そのはじまりは、繰り返しお伝えしてきたとおり、「聞く」ことです。「相手が何を言いたいのか」、「どういう気持ちなのか」を、しっかり受け取ることです。

ただ、延々と相手の話を聞いて、ずーっと相手のことを探っている必要はありません。

ある程度、心を開いて話せるようになったら、求められる雑談も変わってきます。

**最終的には、**

**具体的な話題よりも、抽象的な話題のほうが、**

**笑いのある話よりも、真面目な話をしたほうが、**

**心地よく、楽しくなっていきます。**

若いころは、勘違いして、合コンなんかだと「盛り上げなきゃ」と、ずっと喋っていました。その場ではみんな笑っているんですが、全然「成果」がなかったんです。

「あれだけ盛り上げたのになんで？」

（当時は太っていたので）「体型のせいかな」

なんて思っていましたが、違いました。

女子って愛想笑いが上手なんです。盛り上がっているからといって、楽しんでいるとは限らない。最初はみんなぎこちないので、笑いを交えて場をあたため、話しやすい雰囲気を作るのはいいことですが、ある程度場ができたら、落ち着いてそれぞれが話せる環境をつくるべきでした（気づくのが遅すぎました）。

昔の僕みたいに、**「雑談では、お笑い芸人みたいに笑わせなきゃ、楽しませなきゃ」と思い込んでいませんか？**

実はそれが一番危ない。面白いだけの当り障りのない話をいつまでも続けたって、ある一定以上距離は縮まらないんです。それでは、雑談を続ける意味がありません。

ある程度、心を開いて話せるようになって、さらにもう一歩相手との距離を近づけたい

と思ったら、話すべきは、個人の価値観が出るような、抽象的な話題です。たとえば、

**「幸せってなんだろう？」**

**「なんで仕事をするんだろう？」**

**「いい音楽とは？」**

といった、大きなテーマ。あるいは、

**「1回のディナーに、いくらまで出せる？」**

**「値段見ないで買った高いものって、何？」**

**「50万円のスピーカーが20万になってるのと、150万のスピーカーが50万になってるの、予算20万なら、どっち買う？」**とか。

本が好きな人であれば、

**「どんな本が好き？」**

でもいいですし、

**「どうやって読む？」**

という聞き方もできます。たまに、先に小説のエンディングを知ってから、安心して最初から読むって人もいるんです。

こういう話題のときに大事なのは、まずは自分からさらけ出すことです。良いことも悪いことも、思っていることをそのまま出す。たとえば、買い物の話だったら、**「僕はちっちゃい人間だから、絶対値段見ないと買えない。しかも、サイズとか見るふりして、値段見ちゃう」**とか。カッコ悪いところもちゃんと言う。そうしないと相手だって正直になれません。

雑談の場合、正義を言うよりも、正直になったほうがいい。

**「こうあるべき」という社会的規範ではなく、「自分はこう」というマイルールを言うと、人間性や生き方が見えて面白いし、相手もさらけ出せるようになるんです。**

そして、お互いに本音で話ができるようになったら、1、2時間なんてあっという間にたちます。話していること自体が心地よく楽しくなるんです。そうなれば、内容に関係なく、その人と会うこと、話すことでリラックスできるようになります。

雑談に正解は必要ありません。雑談も人生も、正解を求めるとつまらなくなります。正解じゃなく、相手との違いを楽しめるようになれば、雑談は深く楽しく心地よくなります。

## コツ11 相手との違いを楽しめれば、話すことそのものが楽しくなる

# おわりに

プロ野球選手になる人は、みんな才能があります。なのに活躍する人と芽が出ない人に分かれる。大きな要素は、「緊張する場面でいつも通りできる能力」ではないでしょうか。

僕も大きな仕事の前には、自分にこう言い聞かせます。

「肩の力を抜け」

初めて会う人の前でも、心に言い聞かせます。

「絶対に焦らない」


通勤で山手線に乗ると、無理やり鞄を突っ込んで乗る人を見かけます。山手線は4分に1本来るから、殆んどの場合次でいいはずなのに待てない。こういう人は焦ってしまうのです。全く周りが見えていない、自我丸出しの必死の形相です（本人は気づいていません）。

雑談に置き換えてみましょう。焦ったり力んでいたりすると、こんな顔になってしまいます。いくら隠そうとしても、相手には伝わってしまうんです。それでは、どんなにこの本に書かれているスキルを身につけたとしても、相手は引いてしまいます。

雑談がうまくなるためにも、ふだんから、ムダな焦りや力みを取りのぞく習慣を実践してください。冷静に「次の電車に乗っても間に合う！」と気づけるようになってください。そうすれば、相手の言葉が素直に耳に入り、心に届くようになるでしょう。相手が求めていることや、言葉にできない胸の内に気づけるようになるでしょう。

僕たちが一番会話している相手は「自分」です。

よくドラマで「心の声」ってあるでしょう？　胸の内が音声として流れるあれです。ドラマの脚本としては安易で説明的なので、あまりいい方法ではありませんが、違和感なく見られるのは、ふだん私たちが心の奥底で声を発し続けているからです。

「肩の力を抜け」と自分に言い聞かせるとき、「自分」はどこにいるかというと、ある意味〝幽体離脱〟して自分から離れ、自分と会話している状態です。

いつも一歩引いたところから見て、自分をコントロールすれば、きっとこの本にある雑談のコツを、ゲームを楽しむように試せるはずです。そうなれば、相手の話を聞けば聞くほど「話がうまい」と言われる不思議が、あなたを待っています。

なにげない言葉で周りが笑う瞬間が、みなさんに訪れることを願っています。

**吉田照幸**

# 人生の活動源として

いま要求される新しい気運は、最も現実的な生々しい時代に吐息する大衆の活力と活動源である。

文明はすべてを合理化し、自主的精神はますます衰退に瀕し、自由は奪われようとしている今日、プレイブックスに課せられた役割と必要は広く新鮮な願いとなろう。

いわゆる知識人にもとめる書物は数多く窺うまでもない。

本刊行は、在来の観念類型を打破し、謂わば現代生活の機能に即する潤滑油として、逞しい生命を吹込もうとするものである。

われわれの現状は、埃りと騒音に紛れ、雑踏に苛まれ、あくせく追われる仕事に、日々の不安は健全な精神生活を妨げる圧迫感となり、まさに現実はストレス症状を呈している。

プレイブックスは、それらすべてのうっ積を吹きとばし、自由闊達な活動力を培養し、勇気と自信を生みだす最も楽しいシリーズたらんことを、われわれは鋭意貫かんとするものである。

―創始者のことば―　小澤和一

## 著者紹介

吉田照幸〈よしだ てるゆき〉

1969年、福岡県生まれ。93年NHK入局。NHKエンタープライズ制作本部番組開発 エグゼクティブ・プロデューサー。

「のど自慢」等エンターテインメント系番組を中心に活躍。収録前の「前説」も担当し、たった一人で1時間、場を温める経験を積む。広島放送局を経て番組開発部異動後、2004年に「サラリーマンNEO」を企画、全シリーズを演出。著名な俳優がコントに登場する型破りな番組として人気を博す。11年「サラリーマンNEO 劇場版(笑)」の脚本・監督。第35回・36回国際エミー賞コメディ部門ノミネート(日本では唯一)。13年春から連続テレビ小説「あまちゃん」演出。近年は「となりのシムラ」「洞窟おじさん」等、コント、コメディ、ドラマの制作に携わる。撮影の待ち時間や移動中、打ち上げ等で第一線の芸能人と数時間の雑談を重ねる日々を送る。

16年「疾風ロンド」(100万部を突破した東野圭吾原作の映画版。主演・阿部寛)、17年「探偵はBARにいる 3」(主演・大泉洋、松田龍平、北川景子)監督。

## その雑談《ざつだん》カチンときます

青春新書 PLAYBOOKS

2017年10月1日 第1刷

著者 吉《よし》田《だ》照《てる》幸《ゆき》

発行者 小澤源太郎

責任編集 株式会社プライム涌光

電話 編集部 03(3203)2850

発行所 東京都新宿区若松町12番1号 〒162-0056 株式会社青春出版社

電話 営業部 03(3207)1916 振替番号 00190-7-98602

印刷・図書印刷 製本・フォーネット社

ISBN978-4-413-21096-6